GW00694761

HOUSE WITH A VIEW
VUE D'EN HAUT

HOUSE WITH A VIEW
residential mountain architecture

résidences de montagne
VUE D'EN HAUT

PHILIP JODIDIO

images
Publishing

Published in Australia in 2008 by
The Images Publishing Group Pty Ltd
ABN 89 059 734 431
6 Bastow Place, Mulgrave, Victoria 3170, Australia
Tel: +61 3 9561 5544 Fax: +61 3 9561 4860
books@imagespublishing.com
www.imagespublishing.com

The Images Publishing Group Reference Number: 761

National Library of Australia Cataloguing-in-Publication entry:

Jodidio, Philip.
House with a view: residential mountain architecture.

ISBN 9781864701968 (hbk.).

1. Hillside architecture. 2. Architecture, Domestic.
3. Architecture. I. Title.

728.09143

Coordinating editor: Andrew Hall

Designed by The Graphic Image Studio Pty Ltd, Mulgrave, Australia
www.tgis.com.au

Translation by InLingua Text, Melbourne, Australia
Digital production by Splitting Image Colour Studio Pty Ltd, Australia
Printed by Paramount Printing Company Limited Hong Kong/China

IMAGES has included on its website a page for special notices in relation to this and our other publications. Please visit www.imagespublishing.com.

CONTENTS
SOMMAIRE

INTRODUCTION

Philip Jodidio

Construire une résidence de montagne pose un certain nombre de difficultés liées à la conception, mais également, dans certains cas, à la survie. L'objectif est presque toujours la proximité de la nature sous une de ses formes les plus magnifiques, mais il y a de nombreuses façons d'y parvenir. Les exemples sélectionnés pour cet ouvrage présentent toute une série de solutions pour des cadres variant du flanc de coteau à la haute montagne. Allant du théorique au très pratique et somptueux, ces maisons de montagne peuvent être une source d'inspiration pour les autres, ou tout simplement une série d'images et d'endroits qui font rêver.

Il existe une sorte de mythologie associée aux montagnes qui s'intensifie avec l'altitude du site ou l'âge de la localité. Il y a aussi un style montagnard, adapté à des situations plus hospitalières aux Etats-Unis et ailleurs – une sorte de nostalgie pour une architecture de bois, ancienne et de facture délicate. Il y a également des maisons de vacances ultramodernes haut perchées avec vue sur les sommets au loin. Chacune de ces variantes constitue l'une des catégories les plus inventives et diversifiées de l'architecture résidentielle contemporaine – la résidence de montagne.

Building a residence in the mountains poses a certain number of challenges related to design, but also, on occasion, to survival. A proximity to nature in one of its most splendid forms is the goal in almost every case, but there are many different ways to achieve this objective. The examples selected for this book represent a variety of solutions for locations that vary from hillsides to high mountain settings. Ranging from the theoretical to the very real and luxurious, these mountain houses can be a source of inspiration for others, or just a series of images and places to dream about.

There is a kind of mythology associated with mountains, which intensifies with the height of the location or age of the settlement. There is also a mountain style, adapted to more hospitable locations in the United States and elsewhere – a kind of nostalgia of old, finely crafted wooden architecture. There are also ultra-modern vacation homes perched in places with distant views of summits. Each of these alternatives makes up one of the more inventive and diverse categories of contemporary residential architecture – the mountain home.

If mountain architecture has a heart, it must lie in Switzerland, where residents have dealt with the issues posed by mountain dwelling for centuries. Indeed, there are enough very old buildings to allow such architects as Hans-Jörg Ruch to make a career out of restoring and modernising houses as old as his Turmhaus in Salouf, originally built in 1390. Ruch has mastered the art of creating a sense of modernity within such a structure without sacrificing its ancient soul. Working with an old high-mountain building in the picturesque Val d'Hérens in the Valais region of Switzerland, Inès Lamunière, better known for her modern buildings, reworked a mountain barn and stable into a modern residence. Recognising the high avalanche danger on the site, the architect chose to build a powerful concrete wall behind the house to protect it. Avalanche protection strategies of course exist often for mountain homes, but usually are carefully hidden. Inès Lamunière reversed this unspoken convention and even coloured her protective wall a very visible blue-green, which provides stark contrast to the old wood of the house. Another talented young Swiss architect, Laurent Savioz, was faced with a slightly different problem when clients asked him to renovate an 1814 rural mountain house in Chamoson, also in the rugged Valais Mountains. He did away with the wooden superstructure of the old building, but retained its solid stone base and walls and integrated a modern concrete structure with large windows looking down and across the Rhone River valley. Savioz concedes that injecting such modernity into an old building required a great complicity with the clients, who fortunately were themselves immersed in contemporary art and design.

Si l'architecture de montagne a un cœur, celui-ci doit se trouver en Suisse, où les habitants font face aux problèmes posés par leshabitations de montagne depuis des siècles. En effet, il s'y trouve assez de vieilles bâtisses pour permettre à des architectes comme Hans-Jörg Ruch de faire carrière dans la restauration et la modernisation de maisons aussi vieilles que sa Turmhaus à Salouf, construite en 1390. Ruch est passé maître dans l'art de créer un sens de modernité pour ce genre de construction sans en sacrifier l'son âme séculaire. Travaillant sur un vieux bâtiment de haute montagne dans le pittoresque Val d'Hérens du canton de Valais en Suisse, Inès Lamunière, mieux connue pour ses édifices modernes, a transformé une grange et une étable de montagne en résidence moderne. Consciente des risques d'avalanche menaçant ce site, l'architecte a choisi de construire un puissant mur de protection en béton derrière la maison. Les protections contre les avalanches ne sont pas choses rares pour les maisons de montagne, mais elles sont généralement soigneusement dissimulées. Inès Lamunière a renversé cette convention tacite, elle a même été jusqu'à colorer son mur de protection en un vert-bleu criard, qui contraste de façon frappante avec le vieux bois de la demeure. Un autre jeune architecte suisse de talent, Laurent Savioz, s'est heurté à un problème légèrement différent, lorsque des clients lui ont demandé de rénover une maison rurale de montagne de 1814 à Chamoson, également situé dans les montagnes déchiquetées du Valais. Il a démoli la superstructure en bois de la vielle bâtisse, mais a conservé ses solides fondations et murs de pierre pour y intégrer une structure moderne en béton dotée de grandes fenêtres surplombant la vallée du Rhône. Savioz reconnaît que l'injection d'une telle modernité dans un bâtiment ancien a nécessité une grande complicité de la part des clients, qui, fort heureusement, étaient eux-mêmes entièrement acquis à l'art et au style contemporainss.

L'architecte français Marc Rolinet a peut-être plus d'expérience dans la conception des immeubles de bureaux parisiens, mais, ayant fréquemment travaillé dans la ville montagneuse de Grimentz en Suisse, il est passé maître dans l'art délicat de respecter les restrictionsdes réglementations locales en matière de construction, tout en réussissant à créer des maisons d'une esthétique moderne. Dans le cade des limitations imposées quant au toit en pente, à la structure de bois et aux surfaces vitrées, il a élaboré les plans d'un certain nombre de maisons, qui, de par leur ouverture sur l'intérieur comme sur l'extérieur, ne peuvent être décrites que comme contemporaines. Dans un projet toujours en construction, l'architecte hollandais Bjarne Mastenbroek (SeARCH) a imaginé une solution toute nouvelle adaptée à un site montagneux particulier pour sa villa de vacances à Vals.. Il a littéralement enterré la nouvelle maison, Ssise tout près des thermes de Peter Zumthor dans cette vallée de montagne accidentée, la nouvelle maison a été littéralement enterrée dans le flanc de la colline, créant son entrée ayant été créée dans une vielle grange qui se trouvait déjà là. Le site étant en pente, cette configuration prévoit face une face vitrée de grandes dimensions s'ouvrant sur un splendide panorama de montagnes.

Les maisons de montagnes sont bien sûr très prisées dans l'ouest des Etats-Unis, dans ou à proximité des stations de ski, mais aussi sur les terrains vallonnés de la Californie par exemple. Pour sa maison-pont en Californie, l'architecte de renom Stanley Saitowitz a eu l'idée d'un pont pour traverser un ravin se trouvant sur le site. Dans cet exemple comme dans beaucoup d'autres, les architectes cherchent à adapter leurs constructions à des emplacements souvent difficiles, tirant le meilleur parti de sites qui en décourageraient beaucoup d'autres. La résidence Redelco de Pugh + Scarpa, dominant la vallée de San Fernando, s'adapte au site et au panorama, mais aussi aux fondations d'un projet antérieur élaboré par les mêmes architectes et abandonné

French architect Marc Rolinet may have more experience in designing Paris office buildings, but having frequently worked in the mountain town of Grimentz in Switzerland has mastered the delicate art of observing restrictive local building regulations while still creating houses with a modern aesthetic. Within the constraints of the imposed sloping roof, wooden structure and limited glazed area, he has designed a number of houses that have an openness both within and when looking out that can only be described as contemporary. In a design still under construction, the Dutch architect Bjarne Mastenbroek (SeARCH) has imagined yet another solution to a specific mountain site, in his Holiday Villa in Vals. Set very close to Peter Zumthor's Thermal Baths in this rough mountain valley, he has actually buried the new house in the hillside, creating its entry through an existing old barn. Given the slope on the site, this configuration allows for an ample glazed face looking out to the splendid mountain view.

Mountain houses are of course quite popular in the Western United States, in or near ski resorts, but also in the hilly terrain of California. For his Bridge House in California, noted architect Stanley Saitowitz approached a ravine site with the idea of creating a bridge. In this instance as in many others, architects seek to adapt their buildings to often difficult locations, making the most of sites that would give others pause. Pugh + Scarpa's Redelco Residence, overlooking the San Fernando Valley, adapts itself to the site and the view, but also to the foundations of an earlier project designed by the same architects and temporarily abandoned by the client. Will Bruder's Sky Arc Residence, also in California, makes excellent use of the site's existing trees and also its topography. The crescent shape of the design, derived from the setting, is at the origin of the name of this house, as is the remarkable mountain view. Bruder is known for the close relationship of his architecture in general to the earth and sky of the Southwestern United States. Here, as in a number of his other buildings, he succeeds in linking his architecture to the spirit of the place.

On the opposite side of the United States, a number of architects have taken quite a different approach to mountain architecture than architects such as Saitowitz or Bruder. For example, Rand Soellner seems to be more clearly inspired by turn-of-the-20th-century architects like the Greene brothers in California than by Ludwig Mies van der Rohe, for example. His houses in North Carolina call on a kind of local mythology related to the Blue Ridge Mountains as well as on a diverse range of other mountain inspirations. Soellner doesn't even reject the idea that his houses sometimes go 'over the top' where the mountain theme is concerned. Working with his wife on interior décor, he actually seeks one of the very common elements of mountain architecture – that of timelessness.

Where American or Swiss mountain architecture develops on the basis of a certain number of conventions, be they modernist or nostalgic, in other parts of the world there may be a more open approach to building high above urban congestion. In Chile, the architects dRN have created an astonishing house at an altitude of 2870 metres (9416 feet) near the Cerro Aconcagua, the highest mountain in the Americas. Located in the long-fashionable ski resort of Portillo, the house is covered by as much as 8 metres of snow in the winter and looks directly out on an often frozen lagoon. As the young architect Max Núñez explains, 'The most important aspect of this place is its landscape, architecture shouldn't change that'. Half a world away, the very talented young landscape designer Vladimir Djurovic, who is based in Beirut, has designed a number of luxurious mountain get-aways for wealthy Lebanese clients. For the well-known fashion designer Elie Saab, he created a minimal masterpiece at an altitude of 2000 metres in Faqra, Lebanon. Given his predilection for landscape design and his talent at creating architectural spaces, this residence quite naturally goes a long way towards uniting interior and exterior, through the use of floor cladding and generous openings.

temporairement par le client. La résidence Sky Arc de Will Bruder, également en Californie, fait une excellente utilisation des arbres se trouvant sur le site et de la topographie. La forme en croissant, découlant du cadre naturel, et le remarquable panorama de montagnesont à l'origine du nom de la maison. Bruder est connu pour les rapports étroits de son architecture en général avec la terre et le ciel du sud-ouest américain. Ici, comme dans nombre de ses autres créations, il réussit à allier son architecture à l'esprit de l'endroit.

A l'autre bout des Etats-Unis, un certain nombre d'architectes ont abordé l'architecture de montagne de façon complètement différente de celle d'architectes tels que Saitowitz ou Bruder. Des personnalités personnalités comme Rand Soellner semblent plus tirer leur inspiration des architectes du début du 20e siècle, tels que les frères Greene de Californie, que depar Ludwig Mies van der Rohe, par exemple. Les maisons de Soellner en Caroline du Nord font appel à une sorte de mythologie locale se rapportant aux Blue Ridge Mountains, ainsi qu'à toute une gamme d'autres inspirations montagnardes. Soellner ne rejette même pas l'idée que le thème montagnard de ses maisons est parfois utilisé à l'excès. Travaillant en collaboration avec son épouse sur la décoration intérieure, il vise sciemment l'un des éléments communs à toute l'architecture de montagne – celui d'intemporalité.

Alors que l'architecture de montagne américaine ou suisse se développe sur les bases d'un certain nombre de conventions, qu'elles soient modernistes ou nostalgiques, il existe, dans d'autres parties du monde, une attitude plus ouverte pour lesce qui est de constructionsire à haute altitude, loin au-dessus de la congestion urbaine. Au Chili, les architectes dRN ont créé une maison étonnante à une altitude de 2 870 mètres, près de ladu Cerro Aconcagua, la plus haute montagne des Amériques. Située dans la station de ski très en vogue de Portillo, la maison est recouverte de huit mètres de neige pendant l'hiver et donne directement sur une lagune qui est gelée la plupart du temps. Comme l'explique le jeune architecte Max Núñez : « L'aspect le plus important de cet endroit du lieu est son paysage, et l'architecture nedoit rien y changer ». De l'autre côté du monde, le jeune architecte paysagiste de talent Vladimir Djurovic, qui est établi à Beyrouth, a conçu de luxueuses résidences secondaires de montagne pour des clients libanais fortunés. Pour le célèbre couturier Elie Saab, il a créé un chef d'œuvre de minimalisme à une altitude de 2 000 mètres à Faqra, au Liban. Etant donné sa prédilection pour l'architecture de paysage et son talent de créateur d'espaces architecturaux, cette résidence, comme on pouvait s'y attendre, contribue largement à unir intérieur et extérieur par l'utilisation de revêtements de planchers et de larges ouvertures.

En effet, il semblerait que le facteur le plus important unissant toutes les formes d'architecture de montagne, quel qu'en soit l'endroit, est celuile de la vue – lades façons dont l'intérieur, souvent douillet, entre en rapport avec l'extérieur, immanquablement accidenté et inhospitalier. Pour les habitants des villes en particulier, une retraite de montagne est une occasion de communier avec la nature, de sentir à nouveau le pouvoir de la terre. De Santiago du Chili à Hakone au Japon, l'architecture de montagne a trait avant tout à la vue et au cadre naturel – c'est une architecture qui est en rapport intime avec son site et permet aux résidents d'être juchés entre ciel et terre.

Indeed, it would appear that the most significant factor that unites all mountain architecture, wherever the location, is that of the view – of the ways in which the often 'cozy' interior relates to the invariably rugged and often inhospitable exterior. For urban dwellers in particular, the mountain retreat offers an opportunity to commune with nature, to feel the power of the earth again. From Santiago in Chile to Hakone in Japan, mountain architecture primarily concerns the accompanying view and the setting – it is an architecture that intimately relates to its site and allows residents to be perched between heaven and earth.

PROJECTS
PROJETS

REDELCO RESIDENCE

Studio City, California, USA

Les travaux pour cette maison de 437 mètres carrés ont commencé en 1994, mais ont été arrêtés par le client jusqu'en 2001. La réglementation en matière de construction, qui avait changé entre temps, a placé les architectes dans une situation où ils devaient respecter le désir du propriétaire de se servir au maximum des travaux effectués antérieurement tout en s'adaptant au changement de situation. Ils ont supprimé la plupart des murs intérieurs qui avaient été prévus pour faire de la construction un pavillon de type ouvert, offrant des vues panoramiques sur la vallée de San Fernando. De grandes portes vitrées coulissantes ont été placées sur deux côtés de l'espace séjour, afin de permettre à ce dernier de s'ouvrir presque entièrement sur l'extérieur. Des sols en calcaire, utilisés à l'intérieur et à l'extérieur jusqu'à la piscine, intensifient l'impression de continuité entre intérieur et extérieur. Les architectes expliquent : « Même le studio-bureau est séparé de la maison et n'y est connecté que par un pont extérieur. Les chambres privées sont pratiquement des lofts, captant volume et vues tout en préservant l'intimité ». Cet aspect crée un contraste délibéré entre l'aspect quelque peu fermé créé par les panneaux de cuivre perforés côté rue et l'ouverture des espaces de séjour.

Work on this 437-square-metre (4700-square-foot) house began in 1994, but was then stopped by the client until 2001. The architects had to reconcile the building regulations, which had changed over the period, with the owner's desire to make the greatest possible use of the earlier work. They did away with most of the planned interior walls to make the structure more like an open pavilion, in effect opening up the panoramic views of the San Fernando Valley. Large sliding glass doors were used on two sides of the living space, allowing it to open almost entirely to the exterior. Limestone floors, used both inside and outside right into the swimming pool, heighten the impression of continuity between interior and exterior. The architects explain, 'Even the studio–office is separated from the house and connected only by an exterior bridge. Private rooms are treated almost as lofts, capturing volume and views while maintaining privacy'. This aspect creates a deliberate contrast between the slightly closed street-side aspect of perforated copper panels and the openness of the living spaces.

0 20ft

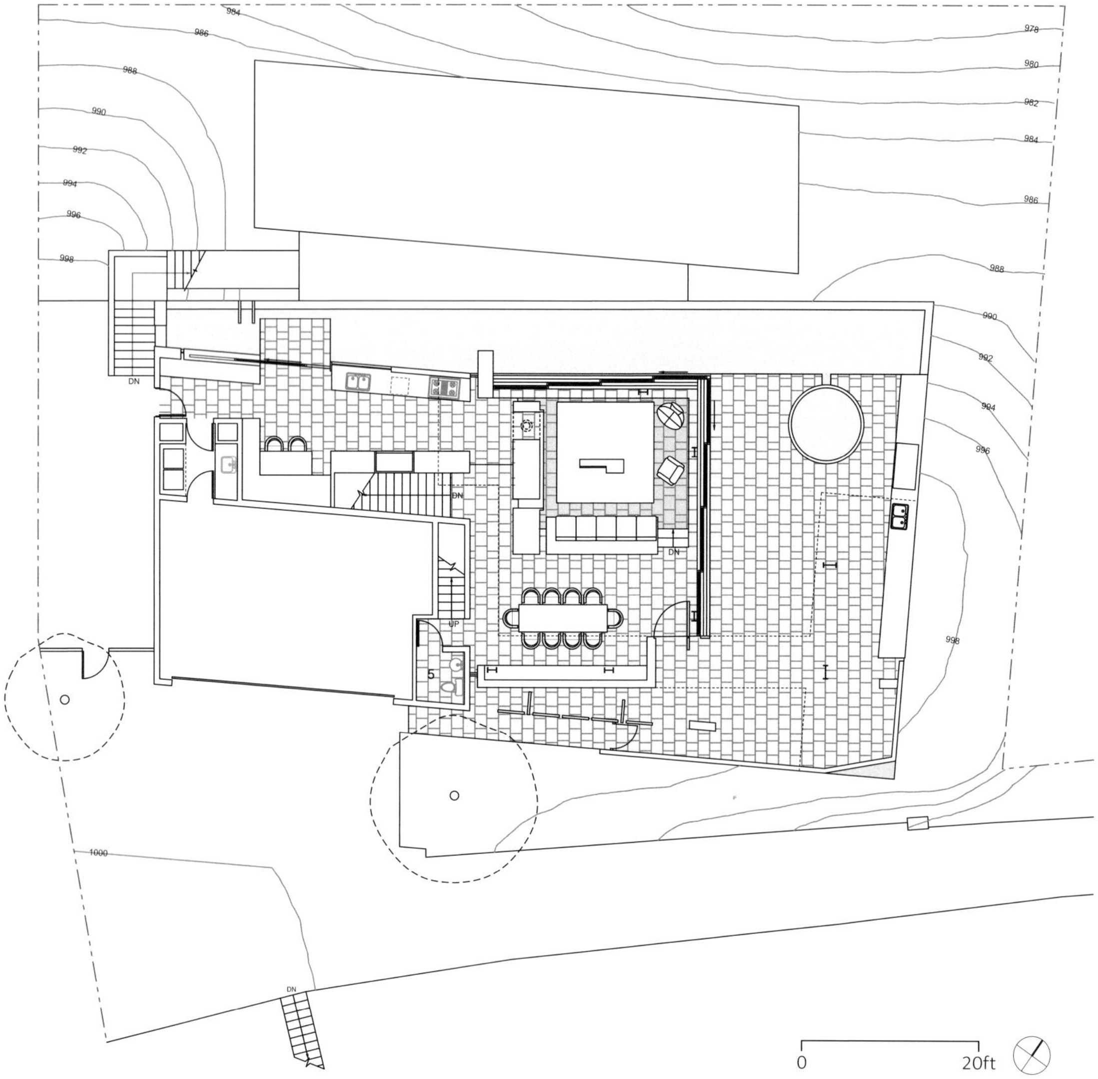

Photography: Marvin Rand

BASSIL MOUNTAIN ESCAPE

Faqra, Lebanon

LANDSCAPE ARCHITECTURE BY VLADIMIR DJUROVIC LANDSCAPE ARCHITECTURE

ARCHITECTURE BY KAMAL HOMSI

Sise au même endroit que la résidence Elie Saab, la retraite de montagne Bassil a été conçue pour un site étroit, le jardin étant situé dans une marge de reculement de 4,5 mètres autour de la maison. Djurovic explique : « Ce site est conçu et contrôlé par une série d'illusions et de manipulations méticuleuses destinées à maximiser le sens de l'espace et de la découverte. Il comprend de nombreux espaces où l'on peut s'asseoir, un miroir d'eau avec un jacuzzi en encorbellement (qui abrite un bar de jardin), une piscine, une grande terrasse de réception pourvue d'une longue banquette linéaire, un foyer de jardin et une aire barbecue ». Un escalier en pierre pleine marque l'entrée et est entouré de jardinières de lavande. Des pierres de gué flottantes conduisent les invités à travers un « miroir d'eau surélevé » jusqu'au bar, fait de pierre et de cèdre rouge. La piscine encadre les aménagements paysagers, alors qu'une longue banquette remplace la traditionnelle balustrade. L'architecte conclut ainsi : « Trois ans après, la résidence remplit toujours sa fonction d'origine. Comme le client continue de rentrer au Liban quelquefois par an, l'espace est utilisé comme il l'était lors de son achèvement – un lieu pour la réflexion personnelle et pour recevoir la famille et les amis ».

Located in the same area as the Elie Saab Residence, the Bassil Mountain Escape was conceived for a narrow site, with the garden essentially situated in a 4.5-metre (15-foot) construction setback around the house. Djurovic explains, 'This limited site is designed and controlled with a series of illusions and careful manipulations to yield the maximum sense of space and experience. The program consists of multiple sitting areas, a water mirror with a cantilevered Jacuzzi (with a sheltered outdoor bar area underneath), a swimming pool, a large entertainment terrace with a long, linear bench, and a fireplace and barbecue area'. A solid stone staircase, embedded with lavender-filled planters, marks the entrance. Floating stepping-stones lead guests across a 'raised water mirror' to a bar made of stone and red cedar. The swimming pool frames the landscape panorama, while a long bench is used to replace a more typical balustrade. The architect concludes, 'The residence, three years onwards, is still serving its initial brief. As the client maintains the same schedule of returning to Lebanon a few times a year, the space is used as it was when first completed – a space for private reflection and for entertaining family and friends'.

Photography: Landscape architecture: Geraldine Bruneel
Architecture: Kamal Homsi

HOUSE, CAMINO A FARELLONES

Santiago, Chile

Implantée sur un site de 7 000 mètres carrés sur la face nord en pente de la vallée du Rio Mapocho, cette maison de 230 mètres carrés a des vues sur la cordillère des Andes, faisant face à la vallée du Santuario de la Naturaleza, au Cerro Pochoco et aux monts Paloma et Altar. Le client, qui voulait entretenir un rapport étroit avec le paysage de montagne, a donné aux architectes la possibilité de créer une plate-forme nord-sud sur laquelle construire la maison. En plus de la maison, la plate-forme de 8 mètres sur 36 supporte une terrasse et une piscine. Parlant de la maison, l'architecte Max Núñez explique : « Elle contient des espaces qui, dans mon esprit, sont faits pour l'exposition de collections d'objets. J'imagine ces collections comme les extensions naturelles, ou les tentacules, du mode de vie de l'habitant. A partir de ces endroits, le regard du visiteur se dirige naturellement vers les fenêtres pour contempler l'extérieur ».

Set on a 7000-square-metre (75,347-square-foot) site on a sloped north face of the valley of the Mapocho River, this 230-square-metre (2475-square-foot) house has a view towards the Andes, facing the Valley of the Santuario de la Naturaleza, with additional views of the Pochoco Hill and the Paloma and Altar mountains. The client, who wanted a close relationship with the mountain landscape, gave the architects an opportunity to create a north–south platform on which to build the house. Aside from supporting the house, the 8- by 36-metre (26- by 118-foot) platform also allows for a terrace and pool. Discussing the house, architect Max Núñez explains, 'It has some spaces that in my mind are meant for the display of collections of objects. I imagine these collections as the natural extensions, or tentacles, of the lifestyle of the inhabitant. From these points, the visitor's glance is naturally guided through the windows'.

Photography: Max Núñez

CHALET LES NEYRES

Collombey, Switzerland

BONNARD WOEFFRAY

Collombey est une ville située à 650 mètres au-dessus du niveau de la mer, dans le district de Monthey du canton de Valais, en Suisse. Ce projet concerne une résidence de cinq pièces. Les principaux matériaux utilisés sont des planches de pin brutes peintes en brun foncé pour l'extérieur, de la résine de polyuréthane blanche pour les planchers et du plâtre blanc pour les murs et les plafonds de l'intérieur. Nouvelle construction située dans une zone classée « chalets », la maison emprunte les formes de base du style local d'architecture. Les ouvertures sont de bonne taille mais peu fréquentes, et la maison vise à avoir aussi peu d'impact que possible sur la topographie du site. A l'intérieur, les architectes ont visé à une esthétique abstraite et fluide. Une grande fenêtre coulissante s'ouvre sur une terrasse, offrant un vaste panorama sur les montagnes. Les architectes déclarent que ce projet est « un modèle de contrastes et de découvertes : compact, fermé et sombre à l'extérieur, et ouvert et lumineux à l'intérieur. L'emploi systématique du blanc à l'intérieur crée une impression de fluidité et d'immatérialité ».

Collombey is a town located at an altitude of 650 metres (2132 feet) above sea level, in the district of Monthey in the Valais Canton of Switzerland. This project consists of a residence with five rooms. The main materials are rough pine boards painted dark brown on the exterior, and white polyurethane resin floors and white plaster walls and ceilings inside. A new structure located in area zoned for 'chalet-type' houses, the house makes use of the basic forms present in the local vernacular. The openings are generous but infrequent, and the house seeks to have as little impact on the terrain of the site as possible. Inside, the architects have sought 'abstraction and fluidity' in their design. A large sliding window opens onto a terrace, offering an ample view of the mountains. The architects state that this project 'is a study in contrasts and discoveries, compact, closed and dark on the outside, and open and luminous within. The consistent use of white inside the house creates an impression of spatial fluidity and immateriality'.

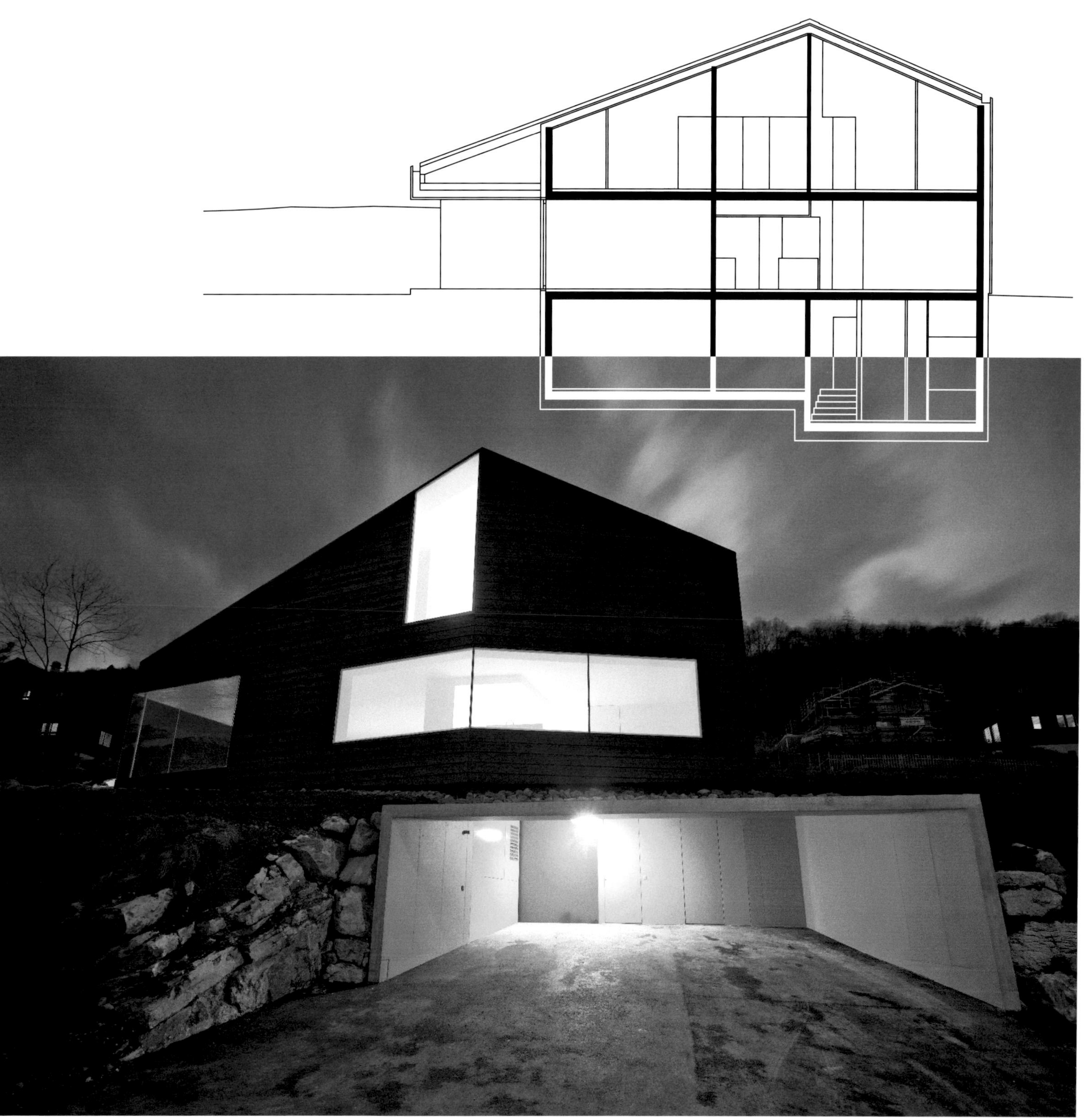

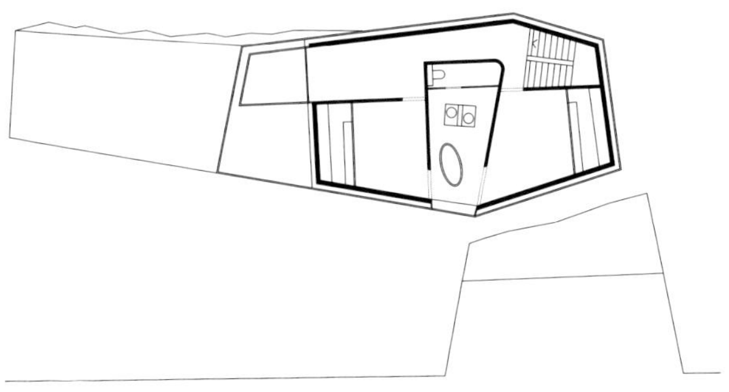

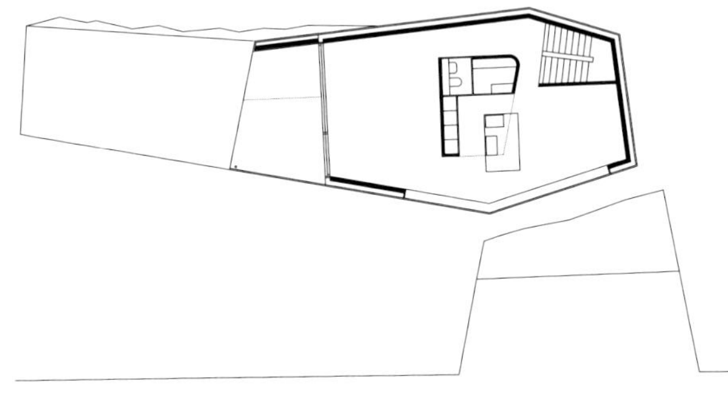

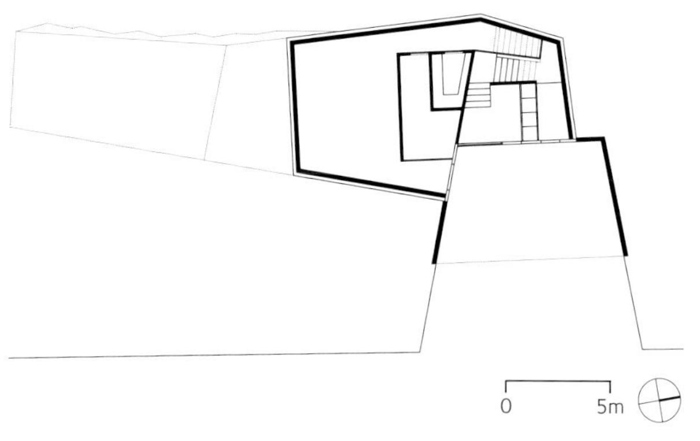
0
5m

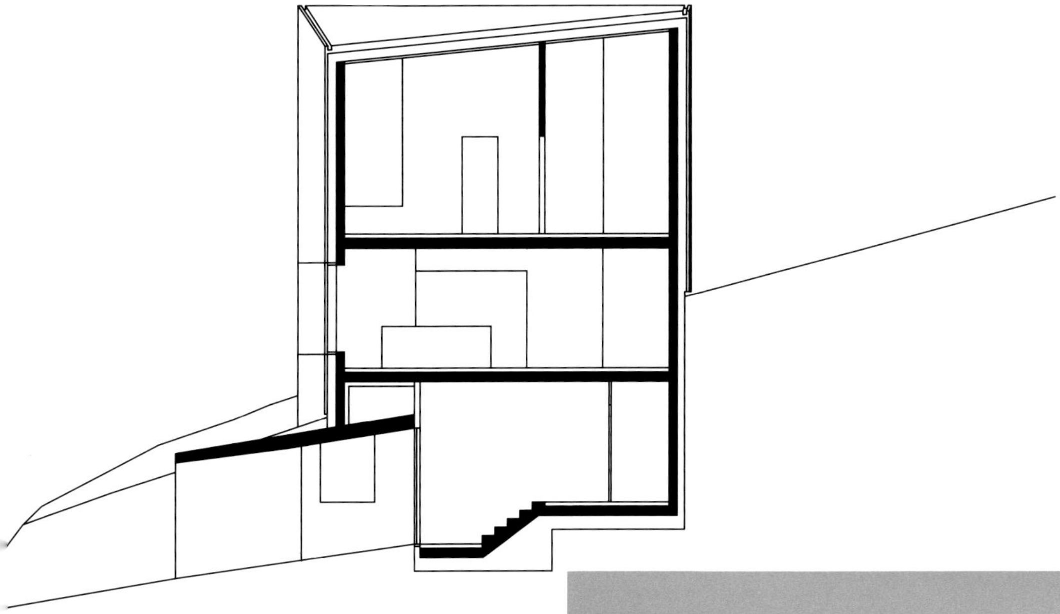

Photography: Hannes Henz

VILLA CHABREY

Chabrey, Switzerland

Sise dans un paysage de vergers, cette maison de 290 mètres carrés a été conçue pour une personne vivant seule. Son style a beau évoquer la typologie de la grange ou du hangar agricole, vue de loin, elle ne ressemble guère à une ferme et ses formes modernes font contraste dans cette région du Jura. Les architectes disent que la villa est « sculptée dans le bois », ce qui en effet semble être le cas. Leur objectif a manifestement été de créer une résidence moderne, sans pour autant bouleverser l'équilibre architectural de la région. La maison s'ordonne autour d'un espace central qui comprend la cuisine et la salle à manger. Une chambre à coucher, un cabinet de toilette, un bureau, une chambre d'invités et une piscine couverte forment le reste de la demeure. Les architectes expliquent que leur intention était de créer un extérieur plutôt brut, par opposition à un intérieur plus raffiné. Du plâtre et du béton armé ont été utilisés pour l'intérieur, et le bardage extérieur est en panneaux de mélèze.

Set in the topography of orchard lands, this 290-square-metre (3121-square-foot) house was conceived for a single person. Its design brings to mind the typology of the barn or agricultural hangar. Seen from a distance it resembles nothing so much as a farmhouse, although its modern forms do give pause in this area of the Jura. The architects say that the villa is 'sculpted in wood', which indeed appears to be the case. Their goal has clearly been to create a modern residence without upsetting the local architectural equilibrium. The house is organised around a central space that includes the kitchen and dining area, with a bedroom, dressing area, office, guest bedroom, living room and covered pool also part of the program. The architects explain that their intention was to create a rather rough exterior in contrast to a more precious interior. Plaster and reinforced concrete mark the interior of this house, while the exterior cladding is in larch panels.

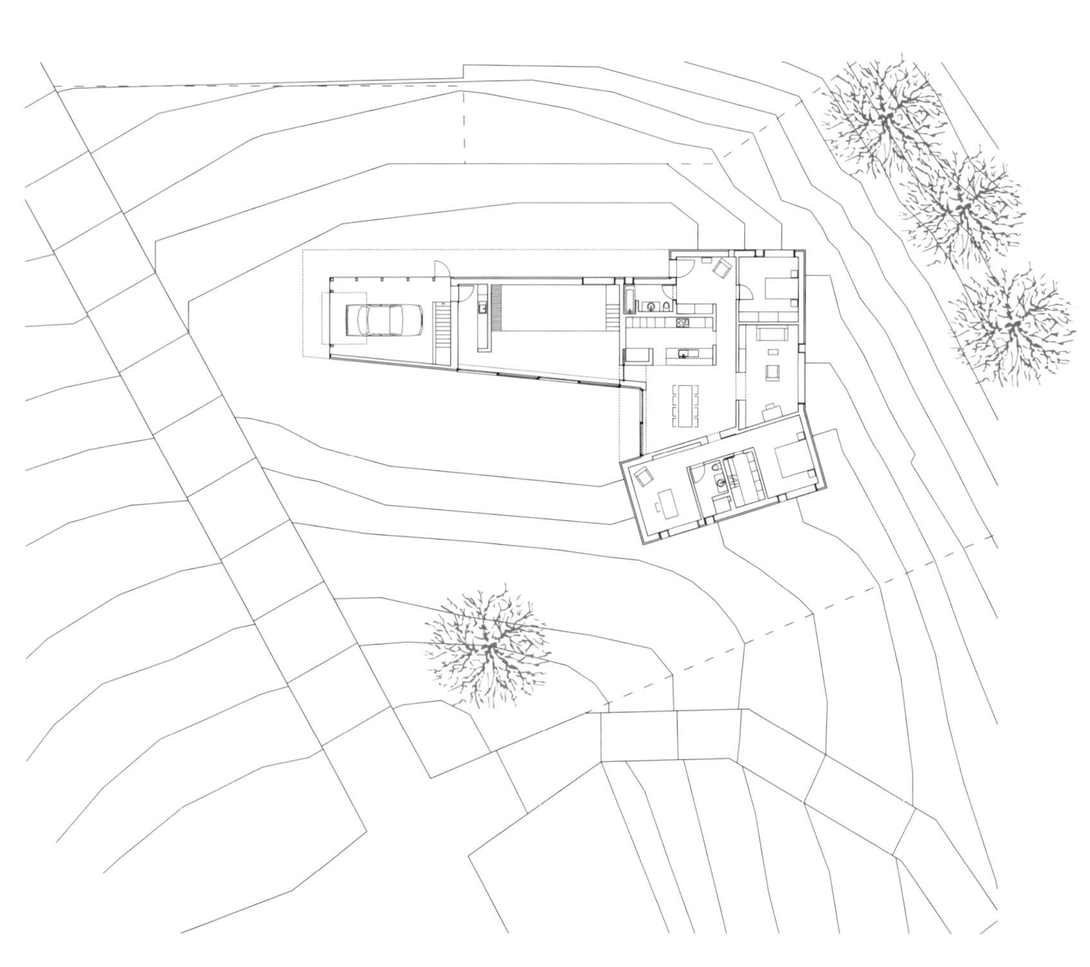

Photography: Thomas Jantscher

WILL BRUDER

SKY ARC RESIDENCE

Kentfield, California, USA

Cette maison de 427 mètres carrés, sise sur un site boisé de 6 070 mètres carrés, offre des vues spectaculaires sur le mont Tamalpais. Son ossature d'acier montée sur des piliers de béton a du zinc prépatiné et du béton en plaques à l'extérieur, et des planchers en ardoise norvégienne et en acajou, du plâtre vénitien et des étagères en bouleau à l'intérieur. Le plan du bâtiment est en forme de croissant pour des raisons se rapportant à la topographie du site. Les arbres du site ont été préservés et intégrés au concept de la maison, et des auvents en fibres de verre translucides fournissent de l'ombre. Comme l'explique l'architecte, les volumes simples de la maison sont destinés à s'effacer progressivement dans le paysage. Le niveau principal contient une grande chambre avec salle de bain et la « grande salle » au sud. Au niveau supérieur, des chambres d'enfants sont au sud et une chambre d'invités avec salle de bain est au nord. Un studio d'arts graphiques et un studio de musique séparé font aussi partie du plan. L'architecte Will Bruder explique : « C'est une architecture formée sur son site, une abstraction mêlée au ton et à la topographie de son milieu naturel, s'effaçant devant le sublime jardin boisé ».

This 427-square-metre (4600-square-foot) house, set on a forested 0.6-hectare (1.5-acre) site, has spectacular views towards Mount Tamalpais. The steel frame building with a concrete pier foundation has pre-weathered zinc and board-form concrete on the exterior, and the interior features Norwegian slate and mahogany floors, Venetian plaster and birch casework. The plan of the building is crescent-shaped, reflecting the topography of the site. Existing trees on the site were preserved and integrated into the concept of the house, and translucent fibreglass awnings provide shade. As the architect explains, the simple volumes of the house are intended to recede into the landscape. The main floor includes a master bedroom suite and the great room to the south, and on the floor above, children's bedrooms are located to the south, with a guest suite to the north. A graphic design studio and a separate music studio are also part of the plan. Architect Will Bruder explains, 'This is an architecture formed of its site, an abstraction blended with the tone and topography of its natural context, deferring to the sublime wooded garden site'.

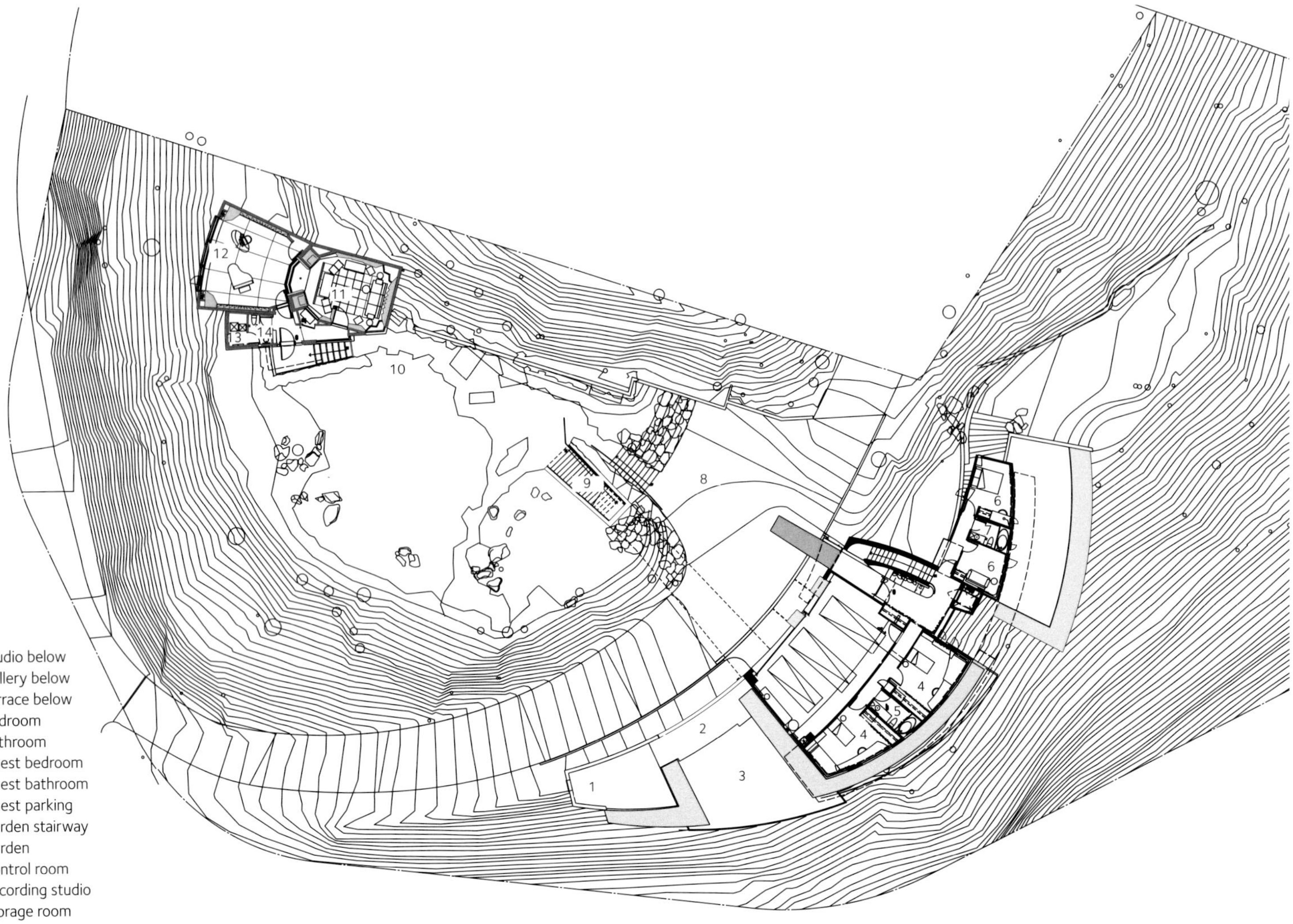

1 Studio below
2 Gallery below
3 Terrace below
4 Bedroom
5 Bathroom
6 Guest bedroom
7 Guest bathroom
8 Guest parking
9 Garden stairway
10 Garden
11 Control room
12 Recording studio
13 Storage room
14 W.C.

Photography: Bill Timmerman

WEEKEND HOUSE, HAKONE

Kanagawa, Japan

Comme c'est souvent le cas au Japon, et malgré la proximité de Hakone par rapport au mont Fuji, cette résidence de 100 mètres carrés est située dans une zone à forte densité urbaine. Les architectes expliquent : « La forme de base de la maison est un espace rectangulaire d'une longueur de 12 mètres et d'une profondeur de 3,6 mètres, avec un toit en bâtière à faible inclinaison orienté est-ouest. En étirant ce volume le long d'un axe nord-sud, divers endroits de hauteur, vue et illumination variables sont créés à l'intérieur d'un même espace ouvert. L'inclinaison du toit a pour effet de créer un espace plus intime. Au centre de la maison, un demi-patio s'ouvre sur la forêt et isole des propriétés avoisinantes ». La façon dont les architectes japonais abordent la nature est influencée par le contexte souvent urbain de leur travail – dans ce cas particulier, la nature est proche et l'idée était de donner aux résidents un sens de cette nature tout en les dérobant aux regards des habitants des constructions entourant la maison.

As is often the case in Japan, and despite the proximity of Hakone to Mt Fuji, this 100-square-metre (1076-square-foot) residence is situated in a densely built-up area. The architects explain, 'The basic form of the house is a rectangular space 3.6 metres deep by 12 metres wide (11.8 by 39 feet) with a gentle saddleback roof, oriented in an east–west direction. By stretching this volume in a north–south direction, various places with variable height, view and light are created within one open space. The effect of slanting the roof is the creation of a more intimate space. Central to the building is a half patio, which opens to the forest and closes off the neighbouring lots'. The approach of Japanese architects to nature is formed by the often urban setting of their work – here nature is close and the task was to give the residents a sense of that nature, while shielding them from the built environment around the house.

52

Photography: Satoshi Asakawa

SAN FRANCISCO LODGE

San Francisco de Los Andes, Chile

CECILIA PUGA

Sise sur un site de 5 000 mètres carrés, la loge a une surface au sol à l'intérieur de 120 mètres carrés et une surface de terrasse de 29 mètres carrés. Sa structure métallique est recouverte de pin, peint en blanc à l'intérieur, et de fer naturel galvanisé à l'extérieur. Le tout est monté sur un soubassement en béton. L'architecte Cecilia Puga explique : « Une loge a été installée pour un couple et ses deux enfants dans un étroit ravin andin orienté est-ouest, au fond duquel coule des eaux provenant de la glace fondue. Construite au-dessus d'une vieille route de montagne qui coupe à travers les terres, et tirant parti du changement abrupt de la topographie, la construction émerge de la déclivité pour surplomber le lit de la rivière et les collines lointaines ». Puga a visé à construire un maximum de mètres cubes pour le budget et à placer les deux chambres à coucher avec salle de bain aussi loin l'une de l'autre que possible. L'architecte conclut : « L'objet artificiel et brillant, qui évoque les installations des camps miniers érigées le long de la cordillère des Andes, donne l'impression qu'il est près à se faire retirer de son cadre sans laisser de marque permanente ».

Set on a 5000-square-metre (53,819-square-foot) site, the lodge has an interior floor area of 120 square metres (1292 square feet) and a terrace area of 29 square metres (312 square feet). Its metal structure is covered in pine painted white on the interior and natural galvanised iron on the exterior. The entire structure is set on a concrete base. The architect Cecilia Puga explains, 'In a narrow Andean ravine in an east–west orientation, at the bottom of which flow waters of thawed ice, a lodge has been installed for a couple and their two children. Built over an old mountain road that crosses the land transversally, and taking advantage of the abrupt change in the topography, the construction protrudes from the slope to look out onto the bed of the river and the distant hills'. Puga sought to build a maximum number of cubic metres for the budget and to place the two bedrooms and bathrooms as far from each other as possible. The architect concludes, 'The artificial and shiny object, that evokes the work installations of the mining camps set up along the Andean Mountain range, appears as if ready to be removed from its setting without leaving a permanent mark'.

Collaborating architect: Phillipe Blanc
Photography: Cristobal Palma

ELIE SAAB RESIDENCE

Faqra, Lebanon

Bien qu'il soit avant tout un paysagiste, ayant travaillé pour des clients tels que l'Aga Khan, Vladimir Djurovic fait également preuve d'un talent considérable en tant qu'architecte. Cette maison a été construite à une altitude de 2 000 mètres pour un célèbre couturier. Djurovic s'est représenté le site de 1 850 mètres carrés comme une succession de quatre espaces. De gros chênes ont été plantés pour isoler la demeure côté rue, alors qu'une terrasse au niveau supérieur est destinée à créer une étroite continuité entre les espaces intérieurs et extérieurs. La pierre, matériau utilisé à l'intérieur de la maison, apparaît également à l'extérieur sous forme de pavés menant subtilement aux pelouses. A la place de balustrades, de larges jardinières permettent une vue ininterrompue sur les montagnes et font fonction de sièges de fortune lors des grandes réceptions organisées dans la résidence. Djurovic explique : « La terrasse inférieure illustre le cœur de ce projet. Elle représente linéarité et contrôle par une série de deux simples rectangles, l'un étant un miroir d'eau, la piscine déguisée, l'autre une terrasse plate comportant deux espaces intégrés en retrait avec sièges et foyers de jardin ». L'éclairage et la tuyauterie sont dissimulés, minimisant les traces de l'intervention des architectes.

Landscape Architecture by Vladimir Djurovic Landscape Architecture

Architecture and Interior by Chakib Richani

Although Vladimir Djurovic is above all a landscape architect, working for clients such as the Aga Khan, he also has considerable talent as an architect. This house was built at an altitude of 2000 metres (6561 feet) for a well-known fashion designer. Djurovic imagined the 1850-square-metre (19,913-square-foot) site as a sequence of four spaces. Large oaks were planted to give privacy from the street side, while an upper terrace is intended to create a tight continuity between the indoor and outdoor spaces of the house. Stone used inside the house also appears in exterior paving, leading subtly to the grass surfaces. Wide planters are used in place of balustrades to provide an uninterrupted view of the mountains and provide for overflow seating during events staged at the house. Djurovic explains, 'The lower terrace depicts the heart of this project. It represents strong linearity and control through a series of two simple rectangles, one being raised as a mirror of water, the swimming pool in disguise, and the other a flat terrace with two integrated recessed sitting areas with fireplaces'. Lighting and drainage are concealed, contributing to the minimal appearance of the architect's interventions.

Photography: Thibaut de Saint-Chamas

FARRAR RESIDENCE

Park City, Utah, USA

La résidence Farrar est située sur un site fortement boisé de 5,2 hectares, près des pistes de ski locales, et jouit d'un panorama sur la vallée de Wasatch. Les visiteurs accèdent à la maison par une allée montante, et la vue par-delà un escalier de pierre donne sur les montagnes et la forêt. Les deux volumes linéaires qui forment la maison de 1 114 mètres carrés se rejoignent dans la zone réservée aux espaces de séjour « publics ». Le volume nord-sud, fait d'acier, contient l'entrée, la cuisine, l'espace invités, le garage, une piscine de 25 mètres de long, clôturée de verre, et une cave à vin en béton, voûtée en berceau. Le volume est-ouest, construit de bois, contient la salle de séjour et les salles à manger. Une cheminée en pierre est située dans la salle de séjour, qui contient également un escalier desservant les trois niveaux de la maison. Les deux sections de la maison ont une structure de toiture en pin Douglas, et des parements de cèdre sont utilisés comme bardages à l'intérieur comme à l'extérieur. La résidence Farrar vise, par le biais de sa situation sur le site ainsi que de ses matériaux, à entretenir une connexion étroite et subtile avec les montagnes et la forêt.

The Farrar Residence is located on a densely forested 5.2-hectare (13-acre) site near local ski runs with a view towards the Wasatch Valley. Visitors approach the house on an ascending drive, and the view from beyond a stone stairway is of the mountains and forest. The two linear volumes that form the 1114-square-metre (12,000-square-foot) house intersect in the area devoted to 'public' living spaces. The north–south volume, made of steel, contains the entry, kitchen, guest area, garage, a 25-metre (82-foot) glass-enclosed lap pool and a concrete barrel-vaulted wine cellar. The east–west section, built in timber, contains the living and dining areas. A stone chimney is located in the living space, which also contains a stairway serving the three levels of the house. Both sections of the house have a Douglas fir roof structure, and cedar siding is used as cladding both inside and out. The Farrar Residence seeks through its setting on the site and its materials to maintain a strong connection to the mountains and the forest.

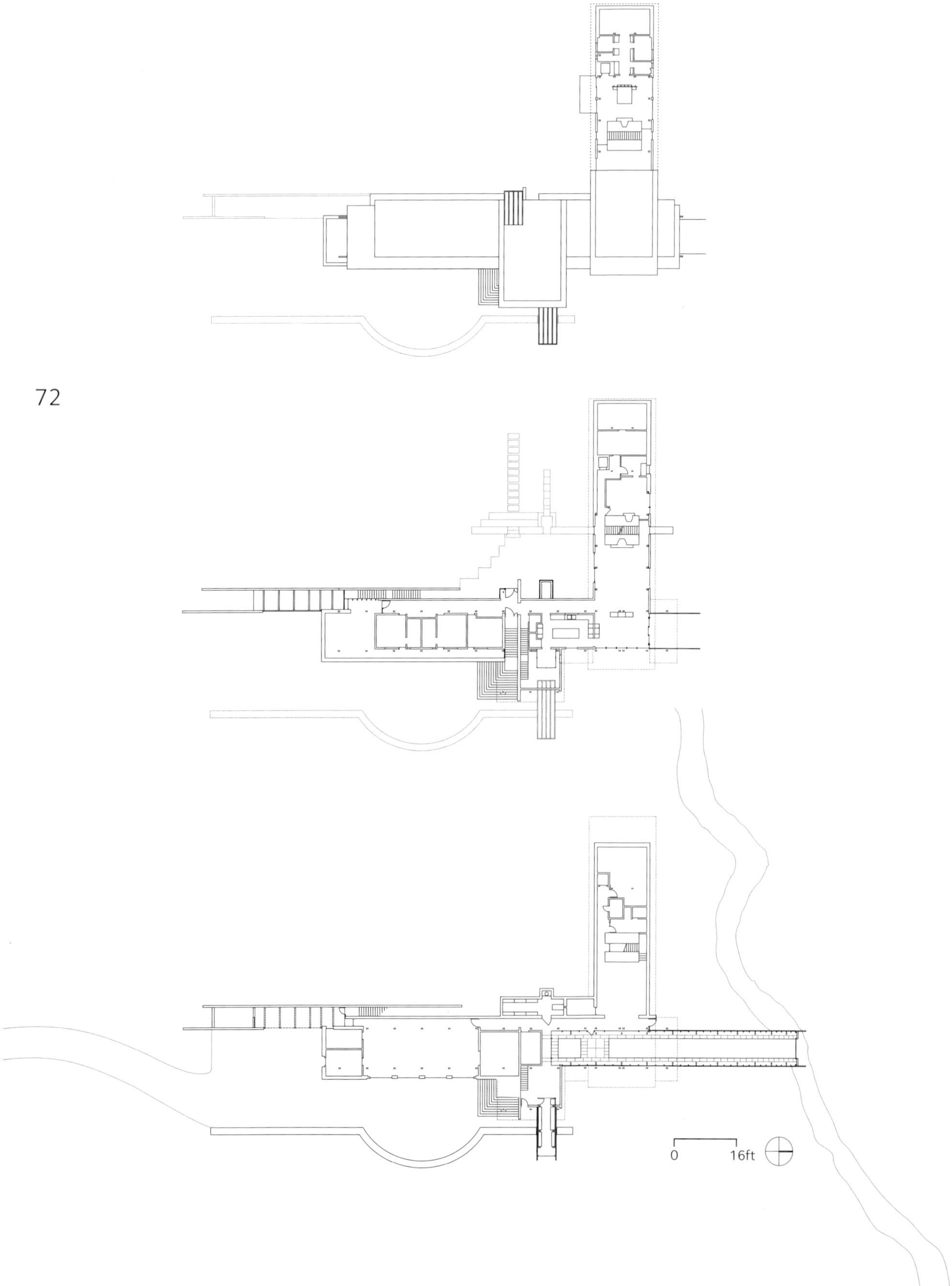

0
16ft

Photography: Nic Lehoux

CHALET IN CRANS-MONTANA

Valais, Switzerland

La célèbre station de ski de Crans-Montana (canton de Valais) se situe à une altitude de 1 450 mètres. Ce projet concerne la remise en état et l'extension d'un chalet de sept pièces des années dix-neuf cent soixante. Les principaux matériaux utilisés pour l'extérieur sont des panneaux de mélèze et de la pierre ; le mélèze, un matériau très répandu dans la région, est aussi abondamment utilisé à l'intérieur. Un espace polyvalent et un garage y ont été insérés de façon à être très peu visibles de l'extérieur ; en effet, l'intention des architectes était de faire ces extensions un peu sur le modèle d'une grotte, utilisant en partie du béton orange. Les pièces d'origine du rez-de-chaussée ont été relocalisées et modifiées pour y apporter de nouvelles vues sur la forêt et améliorer la fluidité de l'espace. Les architectes expliquent : « Il est devenu très vite évident que la solution pour augmenter la taille du chalet tout en préservant son site magnifique était de construire sous le jardin, derrière les grands murs de soutènement en pierre, parmi les pins. C'est un peu un chalet style James Bond – pur et dur, suave et froid, mais chaleureux. La maison vise à susciter des émotions et se situe quelque part entre le high-tech et le glamour ».

The well-known ski resort of Crans-Montana (Valais) is located at an altitude of 1450 metres (4757 feet). This project involved the refurbishment and extension of a seven-room 1960's chalet. The main materials used for the exterior are larch panels and stone, with larch, a popular local material, also used extensively inside. A flexible-use space and a garage were inserted with very little visible exterior presence; on the contrary, the architects sought to make the new areas a bit like a 'cave', in part using orange concrete. Existing spaces on the ground floor were redistributed and reworked to allow new views to the forest and to improve the fluidity of the space. The architects explain, 'It quickly became evident that the solution to increasing the size of the chalet while maintaining its magnificent site was to build under the garden, behind the large stone retaining walls, amid the pines. It's a little like a James Bond-style chalet, hard and pure, smooth and cold, but with a warm heart. The house seeks to bring forth emotions and situates itself somewhere between high-tech and glamour'.

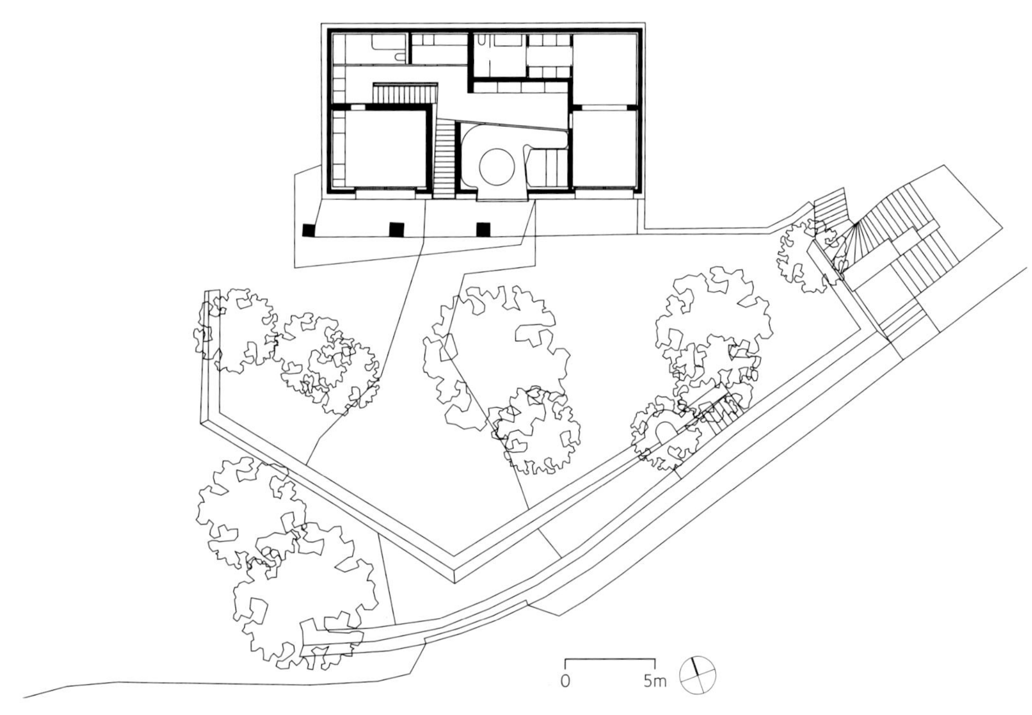
0
5m

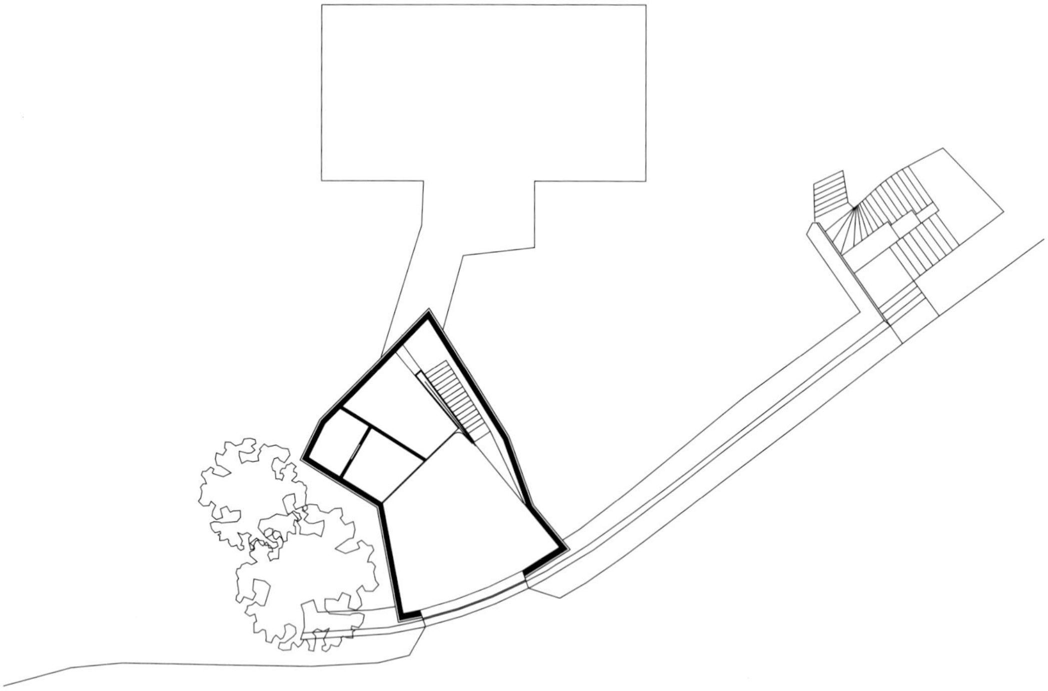

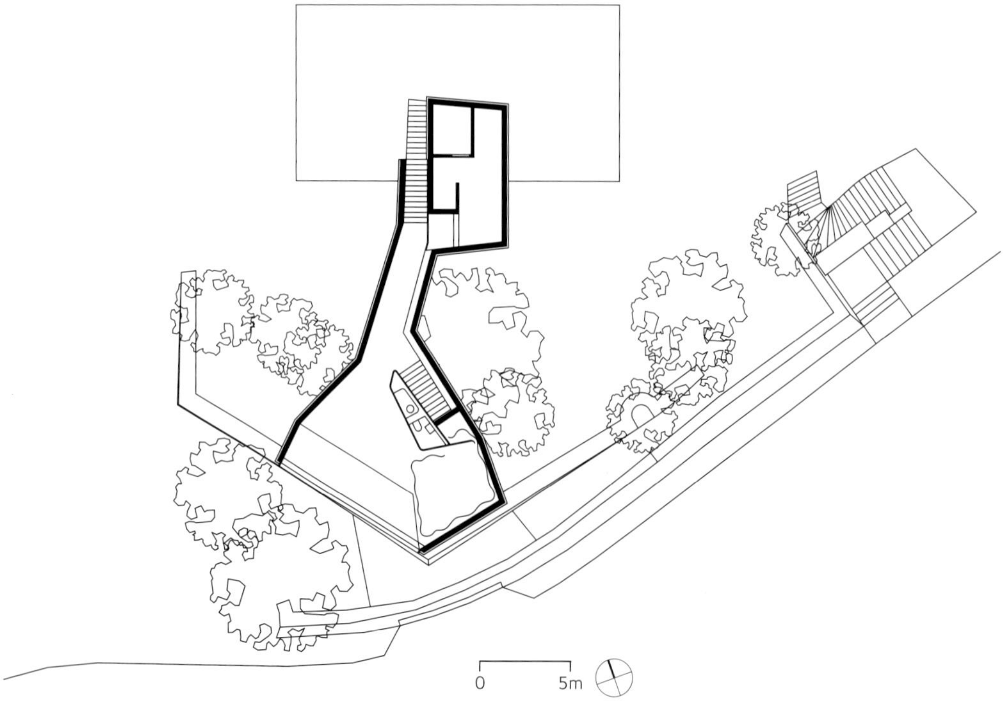

0 5m

Photography: Hannes Henz

FALCON CLIFF LODGE

Cashiers, North Carolina, USA

Construite sur un dôme de granit dans les montagnes Blue Ridge, avec une vue sur Laurel Knob, la plus grande paroi rocheuse en granit de l'est des États-Unis, la loge Falcon Cliff a une surface totale au sol de 424 mètres carrés, dont 277 mètres carrés d'espace intérieur chauffé. Située sur un site de 2,6 hectares à une altitude de 1 091 mètres, elle a été construite par l'architecte et sa femme, qui est décoratrice, pour donner un exemple de leurs créations. Une salle de séjour extérieure, avec toit, et entourée d'une claie, donne le ton pour une demeure destinée à ne pas dépareiller l'architecture vernaculaire. Habitée par Rand et Merry Soellner, la loge a quatre chambres à coucher, quatre cheminées d'intérieur et quatre salles de bain. L'architecte avait précédemment travaillé dans un style ultramoderne dans la région d'Orlando, en Floride, avant de se lancer dans une nouvelle carrière architecturale en créant des maisons de ce type. Soellner dit que ses maisons ont quelque chose de montagnard, de chaleureux, mais sans qu'il y ait de rapport particulier avec tel ou tel bâtiment ou telle ou telle tradition locale, quoiqu'il admette un penchant pour l'œuvre de Greene & Greene en Californie au début du siècle dernier.

Built on a granite dome in the Blue Ridge Mountains with a view of Laurel Knob, the largest granite rock face in Eastern USA, Falcon Cliff Lodge has a gross floor area of 424 square metres (4560 square feet), of which 277 square metres (2981 square feet) is heated interior space. Located on a 2.6-hectare (6.4-acre) site at an altitude of 1091 metres (3580 feet) the house was built and designed by the architect, working with his wife who is an interior decorator, as an example of their designs. A roofed and screened outdoor living room sets the tone for a house intended to rest comfortably in the local vernacular. Occupied by Rand and Merry Soellner, the house has four bedrooms, four fireplaces and four bathrooms. The architect had previously worked in an 'ultra-modern' style in the region of Orlando, Florida, before embarking on a new architectural career designing houses of this type. Soellner says that his houses have a mountain feeling or warmth about them, but are not related to any particular building style or even a specific local tradition, although he admits a fondness for the turn-of-the-century California work of Greene & Greene. Soellner concludes that he feels his houses are 'evocative of the materials and features found in the mountains, appearing to have a timeless quality that results in his homes looking like they grew right out of the ground on which they stand'.

Photography: Jim Wilson; Mark Hutchison

Antoine Vianin

CHALET CARAMAGNA

Grimentz, Switzerland

Construit sur l'un des sites disponibles les plus élevés dans le village montagnard de Grimentz, ce chalet de 291 mètres carrés tient compte des restrictions imposées aux constructions locales, qui exigent une superficie de fenêtre limitée et une utilisation prépondérante du bois. Fait essentiellement de pin, ce chalet a un soubassement en pierre naturelle du pays et un toit en bardeaux de bois. L'architecte, Antoine Vianin, dont le cabinet est à Fribourg, est originaire de Grimentz et y a construit de nombreuses maisons. Le niveau principal, qui comporte une cuisine, une salle à manger, une salle de séjour ainsi que la chambre à coucher principale, a une superficie de 108 mètre carrés, y compris un balcon de 13 mètres carrés et une grande terrasse ensoleillée. Le niveau supérieur, dans la toiture, comprend une grande mezzanine ouverte sur le séjour, une chambre d'invités et un autre balcon, et a une superficie de 84 mètres carrés. L'étage inférieur, avec une terrasse face à la vallée, comprend trois chambres à coucher et divers locaux de service ; il fait 99 mètres carrés. Une annexe comprend un garage, un espace de rangement et un couvert extérieur avec un barbecue. La maison offre une vue dégagée sur les montagnes de 4 000 mètres qui forment la face orientale du val d'Anniviers, dans le canton suisse du Valais.

Built on one of the highest available sites in the mountain village of Grimentz, this 291-square-metre (3132-square-foot) chalet takes into account a number of local building restrictions that call for limited window area and the predominant use of wood. Constructed essentially out of pine, the chalet has a base of local natural stone and a wood shingle roof. The architect, Antoine Vianin, is originally from Grimentz and has built extensively in the town, although his office is based in Fribourg. The main floor, which includes a kitchen, dining area and living room, as well as the master bedroom, measures 108 square metres (1162 square feet), including a 13-square-metre (139-square-foot) balcony and a large sunny terrace. The upper floor, under the roof, includes a large mezzanine opening on the living area, a guest bedroom and another balcony and measures 84 square metres (904 square feet). The lower level, with a terrace facing the valley, contains three bedrooms and various service spaces and measures 99 square meters (1065 square feet). An annex incorporates a garage, storage space and an installation for a covered outdoor barbecue area. The house has a clear view of the 4000-metre (43,055-foot) mountains that form the eastern face of the Anniviers Valley, in the Valais region of Switzerland.

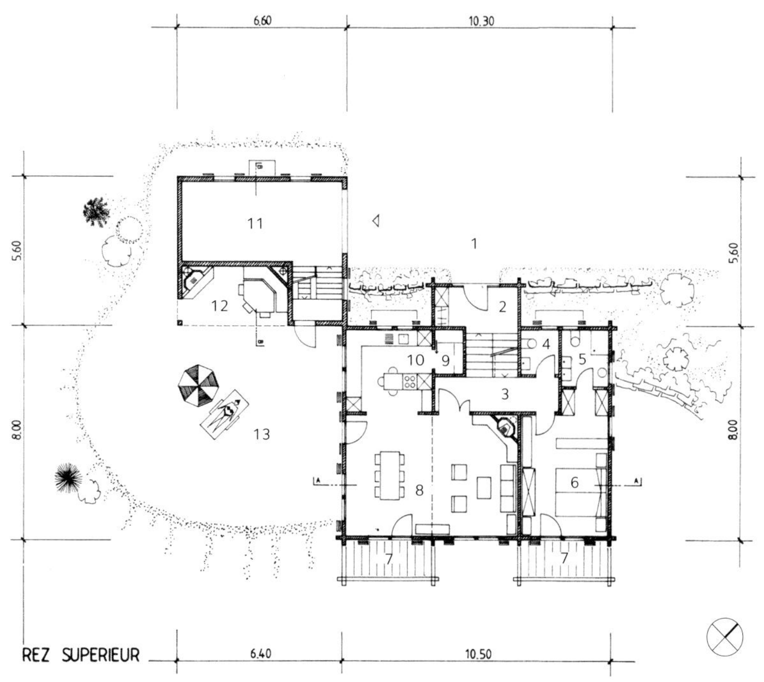

1 Entrance
2 Hall/cloakroom
3 Hallway
4 W.C.
5 Bathroom
6 Bedroom
7 Balcony
8 Dining/living
9 Laundry
10 Kitchen
11 Garage
12 Covered barbecue
13 Terrace

Photography: Antoine Vianin

CHALET LAMALURA

Grimentz, Switzerland

Ce chalet de 110 mètres carrés se situe sur un site relativement petit et très escarpé. Une salle de séjour à double hauteur de plafond donne sur les montagnes et la chambre à coucher principale, située à l'étage supérieur, offre un panorama magnifique. Des petites chambres pour enfants sont au niveau inférieur, où se trouve l'entrée. Marc Rolinet a fait usage d'un pittoresque escalier en colimaçon pour desservir les trois étages, et a placé la salle à manger et la cuisine à l'arrière, c'est-à-dire dans le côté renfoncé de la construction. Des terrasses en bois et un jardin sur un garage séparé préservent, de façon surprenante, l'intimité de cette petite résidence. L'architecte a fait planter une abondante végétation autour de la maison, un autre facteur aidant à la séparer des habitations voisines sans nullement obstruer le panorama. Très proche des pistes de ski locales, ce chalet démontre la capacité de l'architecte à travailler avec un budget restreint sur un site de petite taille, lui qui est plutôt habitué aux grands projets publics et privés français.

MARC ROLINET

This 110-square-metre (1184-square-foot) chalet sits on a very steep and relatively small site. A double-height living room looks towards the mountains, and the master bedroom located on the upper level also has an extraordinary mountain view. Small bedrooms for children are on the lowest, entry floor. Marc Rolinet has used a colourful wood spiral stairway to serve all three floors, and has placed the dining area and kitchen on the back, or inner side, of the structure. Wood terraces and a garden area installed over the detached garage give a surprising amount of privacy to the small residence. The architect ensured generous planting around the house – another factor that assists in separating the residence from neighbouring houses without compromising the view in any sense. In close proximity to local ski runs, this chalet proves the architect's ability to work within a strict budget on a small site, despite his greater familiarity with large French public and private projects.

ALURA 1995

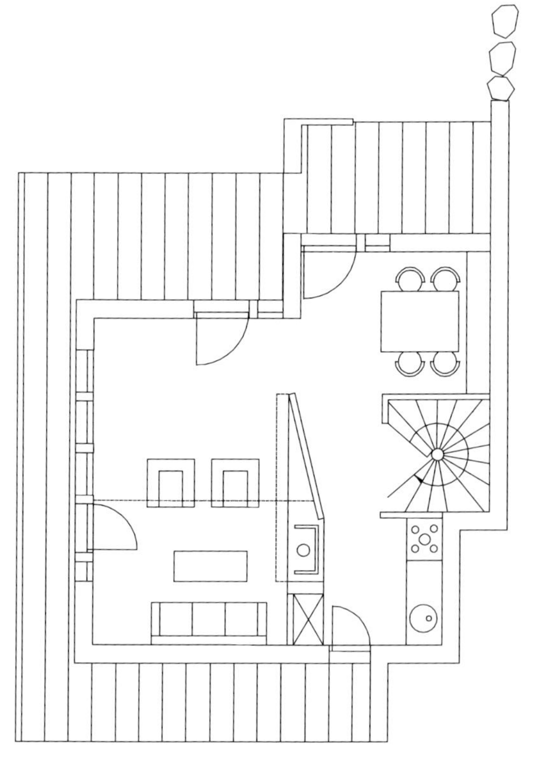

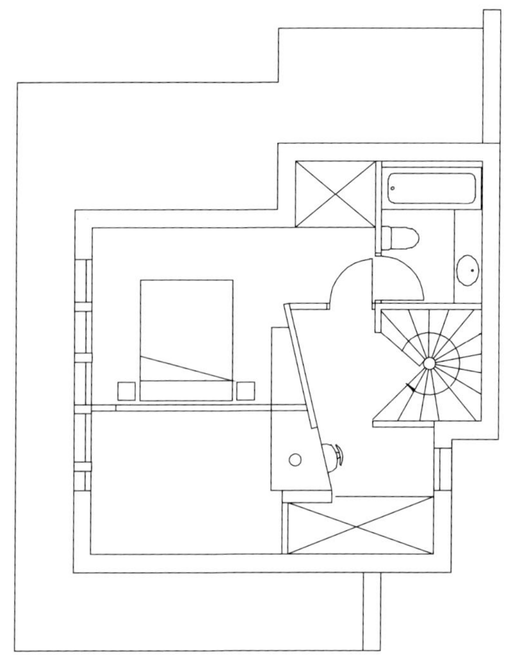

Photography: Milo Keller, courtesy Marc Rolinet

CHALET C6

Portillo, Chile

Cette maison est située sur l'abrupte rive sud du lagon des Incas, près du célèbre hôtel Portillo, qui fait partie de la principale station de ski sud-américaine construite dans les années dix-neuf cent quarante. Sise à une altitude de 2 870 mètres, elle fait face aux montagnes Tres Hermanos au nord et est située près du Cerro Aconcagua, la plus haute montagne des Amériques. Des étés secs et une hauteur de neige allant jusqu'à 8 mètres en hiver font qu'il y a peu de végétation, et aucune haute végétation, à proximité. Un jardin de montagne sur le toit permet à la maison de se fondre dans le paysage. Elle est de type ouvert, avec trois chambres à coucher et deux salles de bain au niveau supérieur et un espace séjour, essentiellement pour la cuisine et les repas, au niveau inférieur. Les divisions des chambres à coucher ne sont pas structurales, permettant de futures modifications. Les vues sur le lagon sont ouvertes dans l'espace séjour et plus restreintes dans les chambres à coucher. Comme l'architecte l'explique : « L'aspect le plus important du lieu est son paysage, et l'architecture ne doit rien y changer ».

dRN Architects

This house is located on the steep southern shore of the Lagoon of the Incas, near the famous Hotel Portillo, part of South America's premier ski resort built in the 1940s. At 2870 metres (9416 feet) above sea level, the house faces the Tres Hermanos mountains to the north and is near the Cerro Aconcagua, the highest mountain in the Americas. Dry summers and up to 8 metres (26 feet) of snow in winter mean that there is little or no tall vegetation nearby. A mountain garden on the roof helps to blend the house into the landscape.
The open-plan house has three bedrooms and two bathrooms on the upper floor, and a living space, essentially for cooking and eating, below. The bedroom divisions are not structural, allowing for future modifications. Views to the lagoon are open in the living area and more controlled from the bedrooms. As the architect explains, 'The most important aspect of this place is its landscape. Architecture shouldn't change that'.

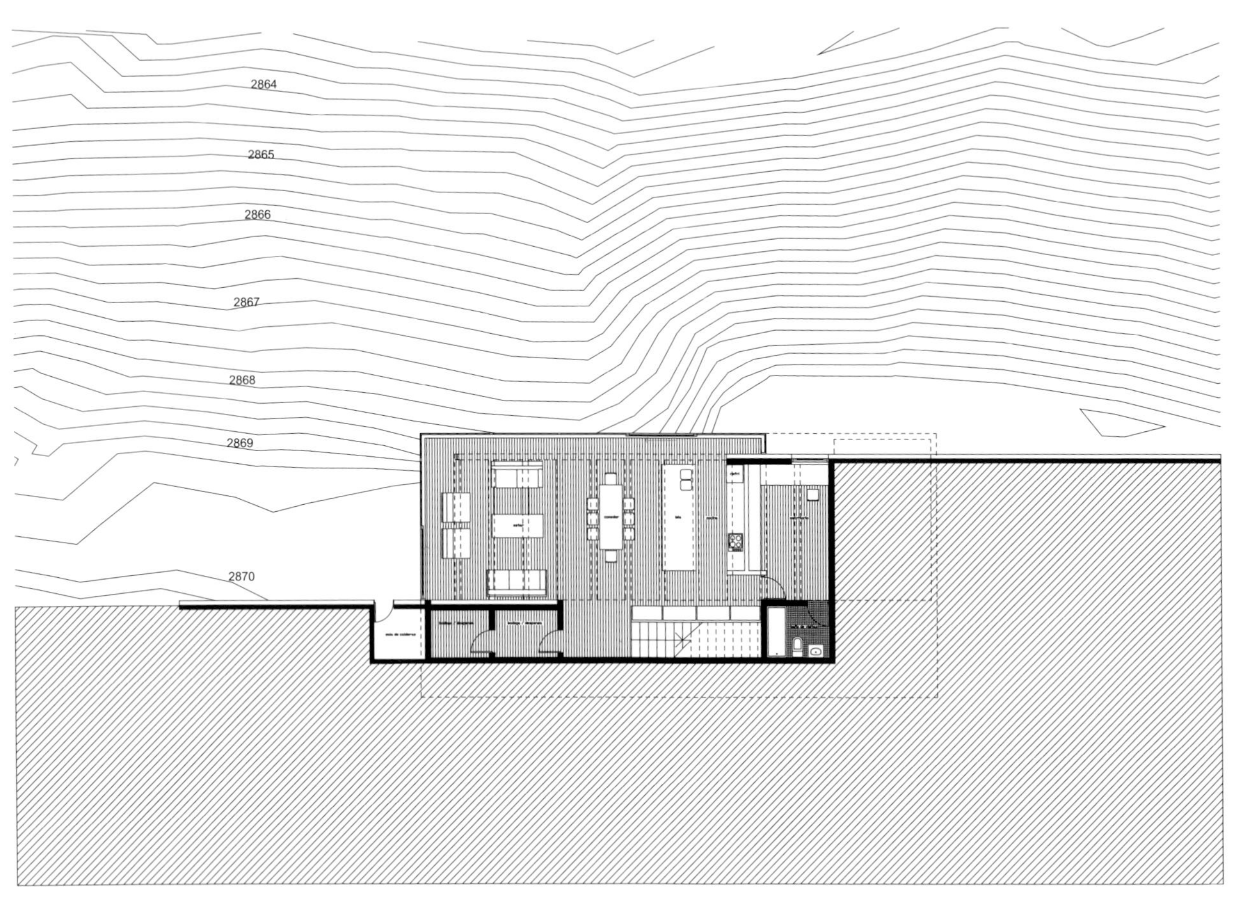
2864
2865
2866
2867
2868
2869
2870

Photography: Max Núñez

EAGLE MOUNTAIN AERIE

Lake Toxaway, North Carolina, USA

Rand Soellner Architect

Le site se trouve sur la face du mont Toxaway surplombant le lac, la maison étant orientée de façon à maximiser les vues sur le lac et les montagnes au-delà. Il a fallu couler sur place un important soubassement en béton pour arrimer la maison à flanc de coteau. Des piédestaux en pierre supportent d'énormes grumes qui, à leur tour, soutiennent les poutres de toit de la porte cochère à l'avant, et de la salle à manger extérieure, à l'arrière. L'architecte fait référence à l'architecture locale au travers des formes de bois de cette « aire d'aigle dans la montagne » d'une superficie de 511 mètres carrés, mais aussi à ses origines bavaroises. « En Allemagne méridionale, dit Soellner, on aime les grandes constructions. Les choses là-bas sont construites pour durer des siècles, comme la maison de mon arrière-grand-père à Arzberg ». Une cheminée s'ouvrant des deux côtés est encastrée entre la chambre à coucher principale et la salle de bain attenante. De façon similaire, la « grande salle », ou espace séjour, s'ouvre à la fois sur la salle à manger et la cuisine, renforçant le caractère ouvert de la résidence. Au niveau supérieur se trouvent une pièce de détente avec cheminée et coin lit et une chambre de jeune fille pourvue de sa propre terrasse. L'architecte explique : « Les clients voulaient absolument avoir le sentiment qu'ils étaient à la montagne, j'ai donc fait en sorte d'exagérer quelque peu le thème montagnard ».

The site of this house is on the slope of Toxaway Mountain overlooking the lake, with the structure itself aligned to maximize views of the lake and mountains beyond. A substantial cast-in-place concrete base was necessary to anchor the house in the hillside. Stone pedestals support massive log posts that in turn hold up the roof beams of the front porte-cochère and rear outdoor dining room. The architect makes reference to local architecture in the wood forms of the 511-square-metre (5500-square-foot) house, but also to his own Bavarian origins. 'In southern Germany,' Soellner says, 'they like big structures. Things there are built to last centuries, like my great-grandfather's home near Arzberg'. A two-way fireplace opens to both the master bedroom and the adjoining bathroom. The 'great room' or living space similarly opens both to the dining area and kitchen, reinforcing the impression of openness in the house. On the upper floor is a den with a fireplace and a bunkroom, together with a girl's bedroom with its own deck. The architect explains, 'The owners definitely wanted to feel like they were in the mountains, so I made sure to go a little over the top with the mountain theming'.

Photography: Mark Hutchison

TÒLÒ HOUSE

Lugar das Carvalhinhas, Portugal

ÁLVARO LEITE SIZA

L'aspect intéressant de cette résidence, construite sur un site fortement incliné de 1 000 mètres carrés, est la façon dont celle-ci s'adapte à la topographie en une forme longue et étroite faisant face au sud. D'une superficie de 180 mètres carrés, la maison comporte trois chambres à coucher, une salle de séjour, une salle à manger, une cuisine et une piscine d'extérieur. Ces formes en béton ressemblant à des blocs, dans lesquels on entre par le haut, descendent en gradins le long de la colline, créant un plan intérieur assez complexe. Des jardins ont été plantés sur le toit de chaque section et, comme les arbres existant sur le site ont été préservés autant que possible, l'habitation fusionne avec son cadre naturel mieux que pourrait le suggérer son style moderne. Les murs non porteurs sont faits de blocs de ciment remplis de sable, crépis de plâtre et peints en blanc sur les surfaces intérieures. Le budget pour cette maison de vacances était relativement modeste, ce qui a conduit l'architecte, le fils d'Álvaro Siza Vieira, à enterrer partiellement la construction dans le flanc de la colline pour optimiser la conservation thermique. En aucune façon dérivée de l'œuvre de son père, cette maison conçue par Álvaro Leite Siza fait montre cependant d'un talent comparable pour adapter la modernité à un site sans rester énergiquement orthogonal de style.

The interesting aspect of this residence, built on a steeply inclined 1000-square-metre (10,763-square-foot) site, is the way in which it adapts to the topography as a long, narrow, south-facing form. With an area of 180 square meters (1900 square feet), the house features three bedrooms, a living room, dining room, kitchen and outdoor pool. Entered from above, the block-like concrete forms step down the hillside, creating a rather complex inner plan. Gardens are planted on the roof of each section, and since existing trees on the site were preserved wherever possible, the house blends into its setting more than the modern design might otherwise imply. Non-load bearing walls are made of cement blocks filled with sand, plastered and painted white on the interior surfaces. The budget for this holiday house was relatively modest, which led the architect, the son of Álvaro Siza Vieira, to partially bury the house in the hillside, allowing for optimal thermal conservation. In no sense derivative of his father's work, this house by Álvaro Leite Siza does however show a comparable skill in adapting modernity to a site without remaining forcibly orthogonal in design.

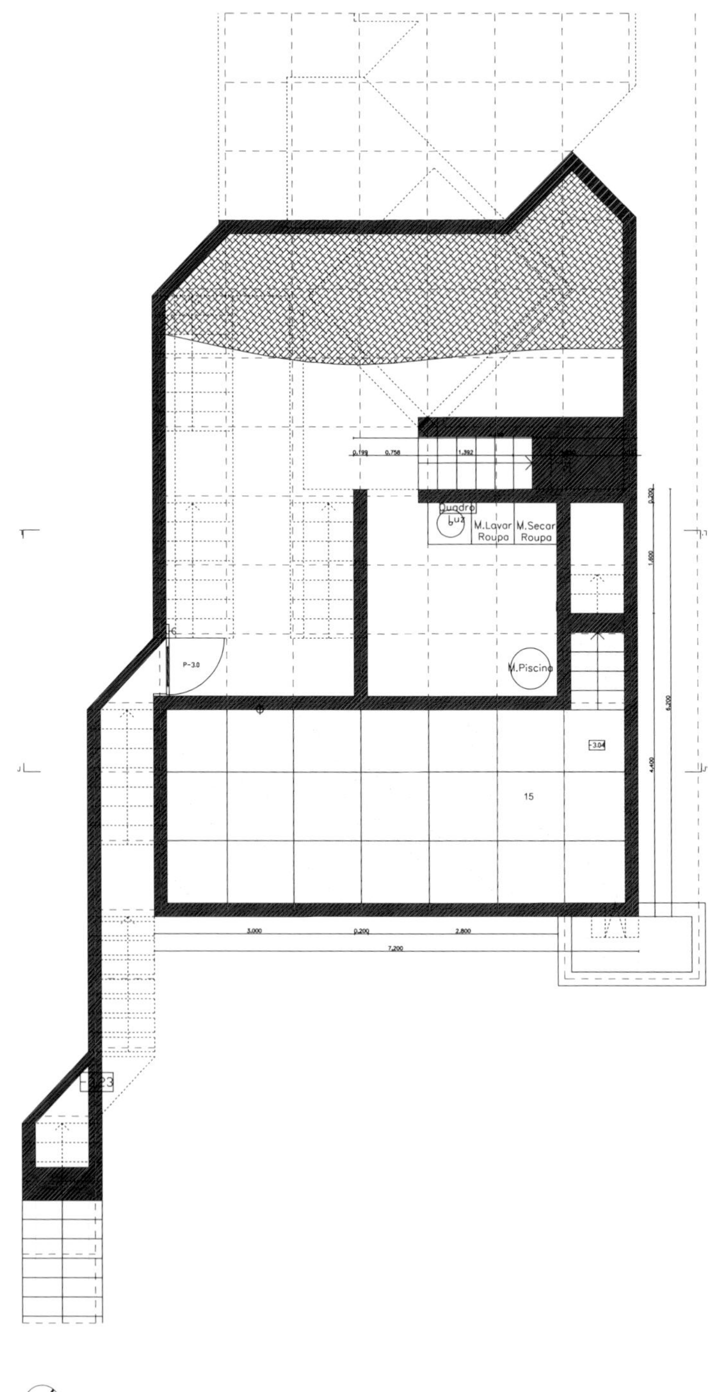
0,199
0,758
1,392
Quadro
Luz
M.Lavar
Roupa
M.Secar
Roupa
M.Piscina
P-3.0
-3.04
15
0,200
1,600
6,200
4,400
3,000
0,200
2,800
7,200

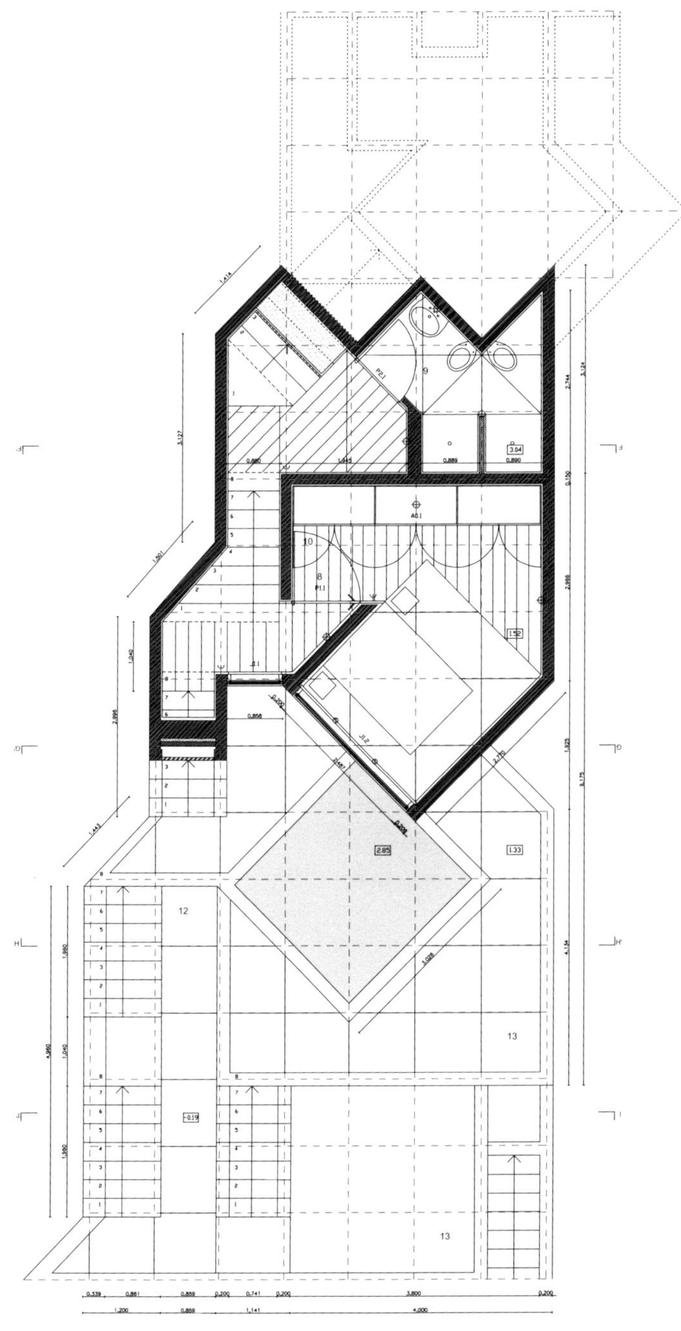

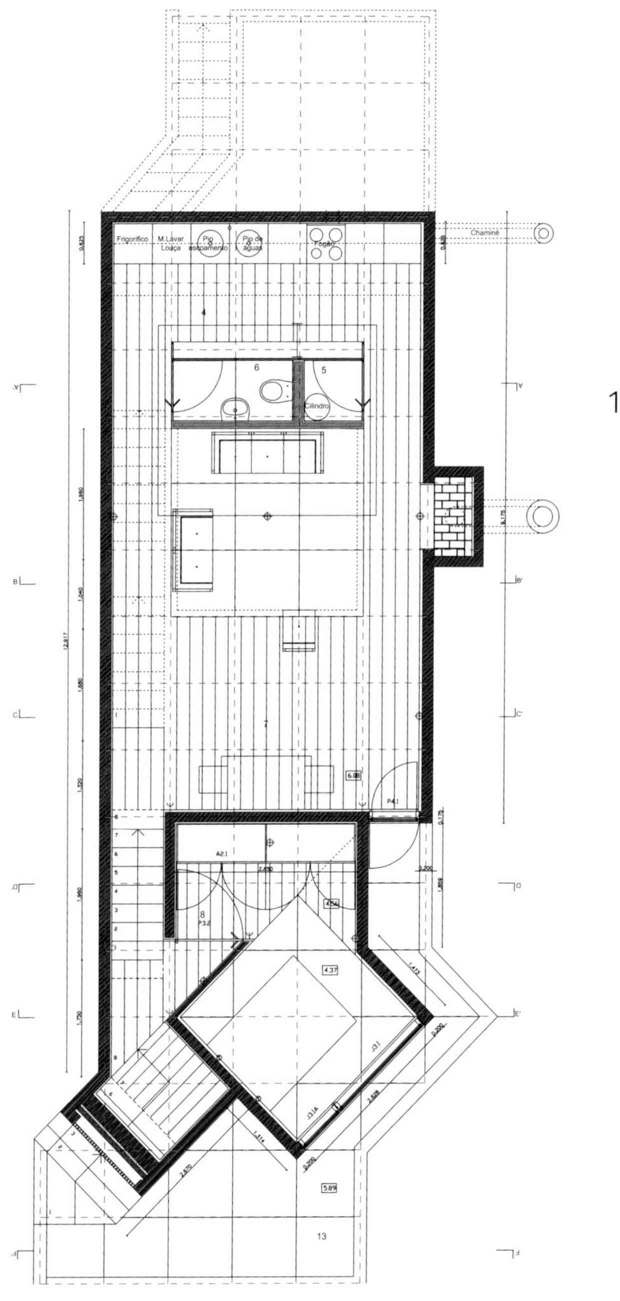
Frigorífico
M.Lavar Louça
Cilindro
Chaminé

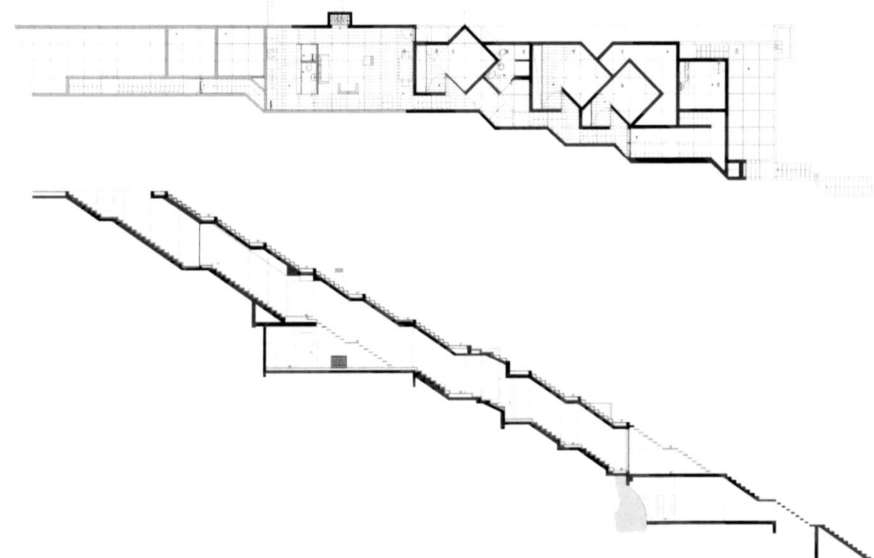

Photography: Duccio Malagamba

BOORA Architects

KITCHEL RESIDENCE

Portland, Oregon, USA

Les instructions passées aux architectes par les propriétaires de ce site fortement boisé étaient de créer un cadre ressemblant à un loft qui remettrait de l'ordre, incorporerait la nature et maintiendrait l'ouverture tout en préservant l'intimité et la solitude. La réponse des architectes a été de situer les espaces séjour aux deuxième et troisième niveaux. Trois chambres à coucher, une cuisine et une salle de séjour forment le premier niveau réservé aux invités. La hauteur de la construction étant limitée par les règlements locaux sur l'occupation des sols, les architectes ont aligné la maison sur la topographie de la chaîne de montagnes, lui donnant une modeste horizontalité par rapport à la rue. L'arrière de la maison est doté d'un « champ de fenêtres » sur deux niveaux, qui procurent de la lumière en abondance et des vues sur la forêt. Des terrasses créent des espaces pour vivre et manger au grand air, et la chambre principale comporte une baignoire et une douche extérieures. Parée de cèdre aux teintes assorties aux arbres environnants, la maison fait usage de boiseries en érable à l'intérieur, avec des planchers en bambou et des plans de travail en béton poli au diamant. Les propriétaires de la maison auraient dit : « C'est si paisible, nous sommes surpris que ce soit si charmant ».

The brief to the architects from the owners of this heavily forested site was to create a loft-like living environment that would clear clutter, embrace the outdoors and maintain openness while still preserving privacy and seclusion. The architects' response was to locate the living spaces on the upper and middle floors. Three bedrooms, a kitchen and a living room are included in the lower-level guest quarters. With the maximum height of the structure limited by local zoning regulations, the architects aligned the house with the topography of the ridge, giving it a modest horizontality to the street. The rear of the house has a two-storey 'field of windows' that offers ample light and views of the forest. Decks create outdoor living and dining spaces, and the master bedroom features an outdoor tub and shower. Clad in cedar with stains matching the surrounding trees, the house uses maple woodwork inside, with bamboo floors and diamond-honed concrete counters. The owners of the house were quoted as saying, 'It's so peaceful, it has been a little surprising to us how nice that is'.

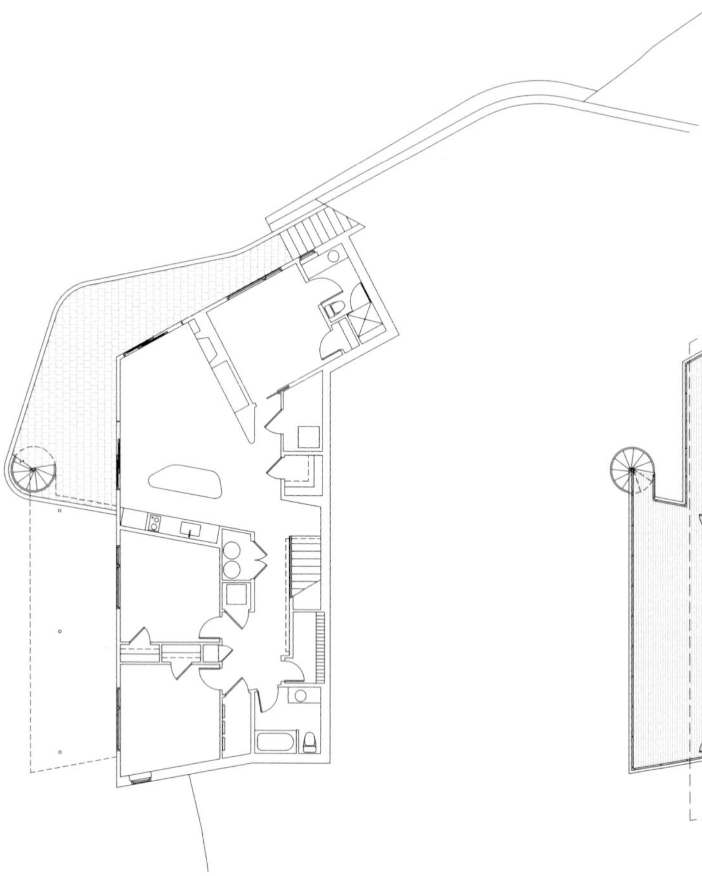

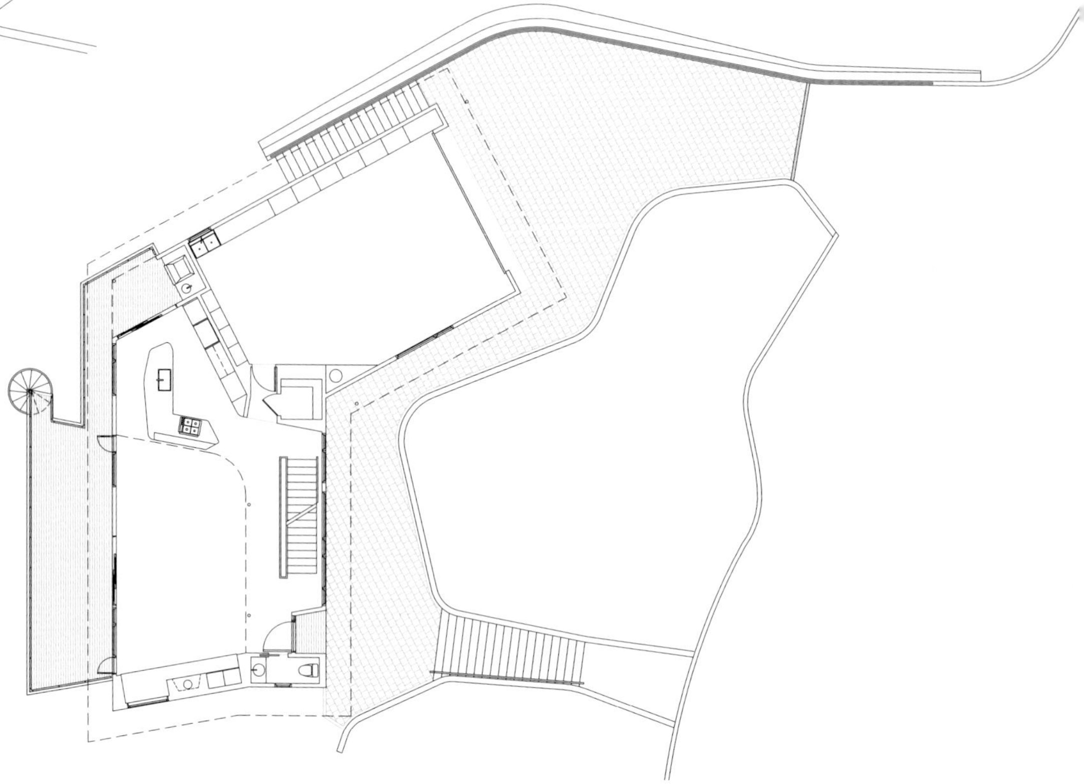

1231

Photography: Timothy Hursley

ESKER HOUSE

San Candido, Italy

Cette résidence, située dans la région italienne du Trentin-Tyrol du Sud, est en fait un appartement indépendant de 150 mètres carrés construit sur le toit d'une maison des années dix-neuf cent soixante et possédant sa propre cage d'escalier et une entrée particulière. La maison Esker, le nom faisant référence à une formation géologique stratifiée, est ainsi décrite par les architectes londoniens : « Le projet a été conçu comme un parasite qui a commencé par adopter la structure de l'hôte, puis s'est graduellement différencié pour se donner une ordonnance et une morphologie qui lui sont propres. Il est formé par une série de cadres d'acier et de bois qui se déforment pour recréer les coteaux lisses des dolomies environnantes. Le toit à l'accès indépendant détermine également le caractère spatial à l'intérieur – les espaces sont enveloppés par une série angulaire et dynamique de plans créant des perspectives et des constellations spatiales sans cesse renouvelées ». Bien que les espaces intérieurs soient la réflexion de l'étrange géométrie extérieure de la maison avec ses plans repliés, les architectes ont créé un espace fluide et cohérent qui se déplace logiquement des aires privées vers les aires publiques.

PLASMA STUDIO

This residence, located in the Italian region of Trentino-South Tyrol, is in fact a 150-square-metre (1600-square-foot) fully self-contained rooftop apartment unit built on top of a 1960's house with its own external staircase. The Esker House, the name referring to a stratified geological formation, is explained by the London architects, 'The project has been developed as a parasite which started from adopting the structure of the host and gradually differentiated into its own unique organisation and morphology. The project is formed by a series of steel and timber frames that deform to recreate the smooth hillsides of the surrounding Dolomites. This partly accessible roofscape also determines the spatial character inside – the spaces are enfolded by an angular and dynamic series of planes creating new and ever-changing perspectives and spatial constellations'. Although the interior spaces are the reflection of the unexpected exterior geometry of the house with its folded planes, the architects have developed a coherent flowing space that moves from private to public spaces in a logical way.

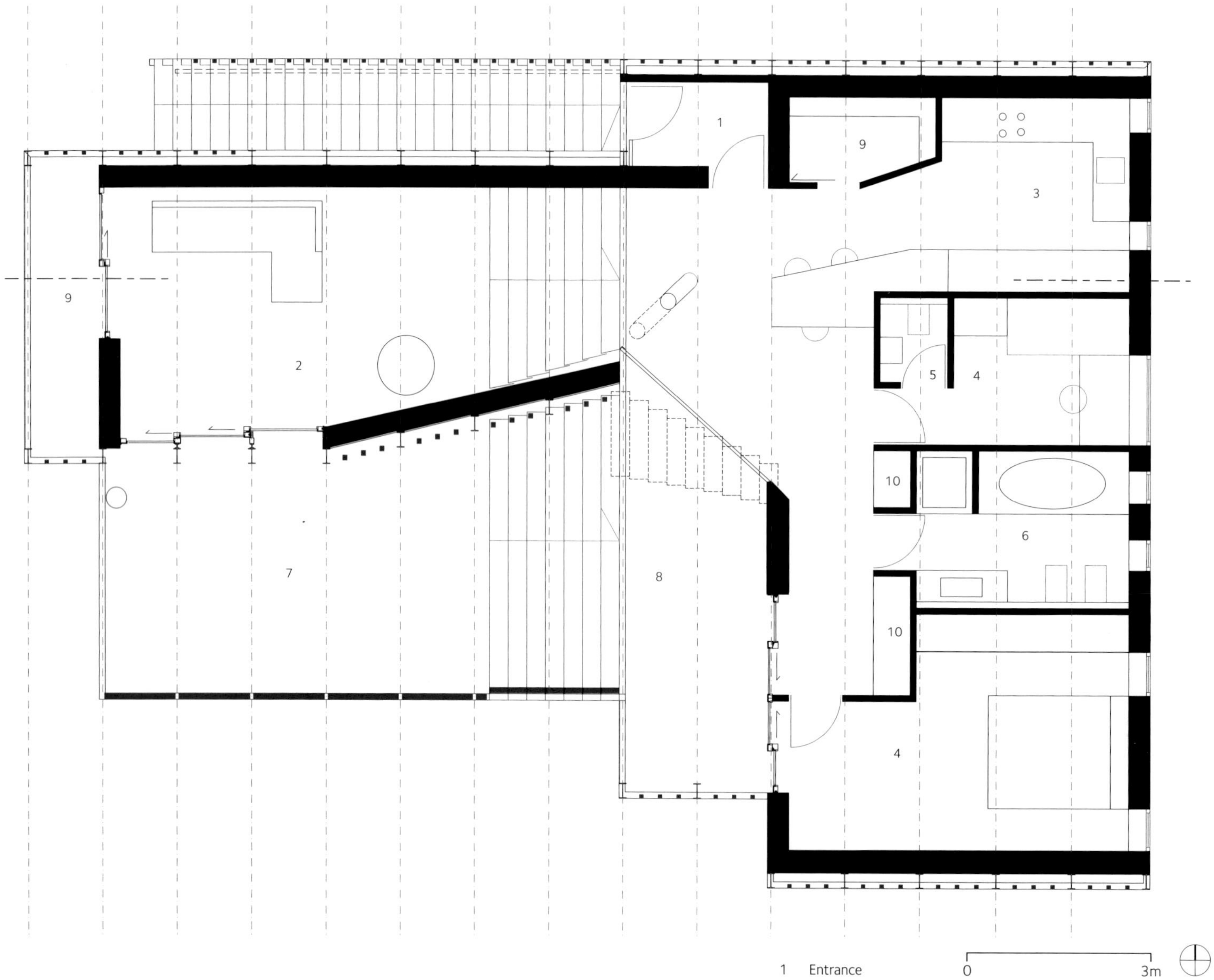

1 Entrance
2 Living
3 Cooking
4 Sleeping
5 WC
6 Bathroom
7 Sun terrace
8 Pergola
9 Balcony
10 Storage

Photography: Cristobal Palma

HOUSE IN TICINO

Tegna, Switzerland

BUZZI E BUZZI

Cette maison située à Tegna, dans le canton de Tessin, a des vues éblouissantes sur le Maggia delta, les montagnes du Gambarogno et les Centovalli. Les architectes Britta et Francesco Buzzi, inspirés par ce paysage, se sont efforcés de faire une transition fréquente entre les vues intérieures et extérieures au moyen de fenêtres sans encadrement. Visible de la route, la maison vise à s'intégrer au paysage, et les architectes ont cherché à créer une nouvelle topographie qui souligne la géométrie de la pente avec sa précision simple. Le toit est imaginé comme une « cinquième façade », offrant un panorama des plus spectaculaires et un espace pour garer une voiture. Les architectes ont limité, à l'intérieur comme à l'extérieur, le nombre de couleurs et de matériaux utilisés, comme l'illustre le béton teint à l'oxyde de fer employé à l'extérieur. D'après les architectes, « Le projet aspire à la perception des caractéristiques sculpturales, par exemple l'épaisseur et la finition de surface du béton teinté en noir. L'épaisseur des murs est modulée par le positionnement intentionnel des ouvertures, découpées dans le béton, sans encadrement à l'extérieur avec du verre gris foncé, et nettement définies à l'intérieur ».

Located in Tegna, in the canton of Ticino, this house has stunning views of the Maggia delta, the mountains of the Gambarogno and the Centovalli. The architects Britta and Francesco Buzzi, inspired by this landscape, strove to achieve a continuous transition between inside and outside views using frameless windows. Visible from the road, the house is intended to look like part of the landscape; the architects have sought to create a new topography that underlines the existing geometry of the slope with its simple precision. The roof is imagined as a 'fifth façade', offering the most spectacular views and a space to park a car. The architects have used a restrained palette of colour and materials both inside and out, with the iron oxide-dyed concrete employed on the exterior illustrating this approach. According to the architects, 'The project aims at the perception of the sculptural characteristics, such as the thickness and the surface finish of the black-dyed concrete. The thickness of the walls is modulated by careful positioning of the openings, which are cut out from the concrete. Frameless on the outside, the openings feature dark grey glass and are sharply defined within'.

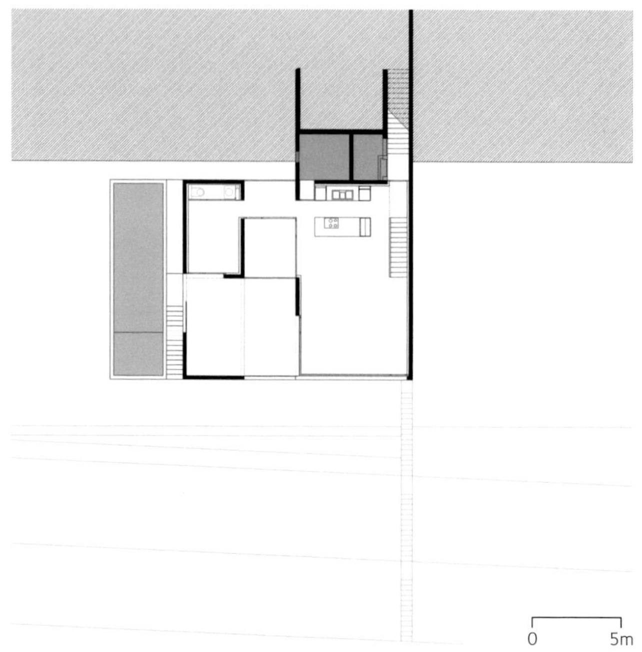
0
5m

Photography: Margherita Spiluttini

TURMHAUS SALOUF

Salouf, Switzerland

Salouf est situé dans le canton suisse de Graubünden, sur une saillie de la face orientale du mont Piz Toissa. La Turmhaus (tour) rénovée par Hans-Jörg Ruch, un architecte de Saint-Moritz qui se spécialise dans la rénovation de bâtiments locaux, est une maison médiévale en trois parties, dont la première a été construite en 1390, avec des murs de plus d'un mètre d'épaisseur. Une structure en bois a été construite sur ces solides fondations de pierre en 1552. L'architecte a créé une nouvelle entrée et a supprimé les portions de la structure en bois qui étaient devenues sans objet de nos jours pour installer un bloc-cuisine en acier inoxydable de forme cubique. Une chambre à coucher et une salle de bains y ont également été installées. L'apparence extérieure de la structure a été préservée, encore que des jointures ont dues être renforcées. Ruch a fait ses études à l'ETH de Zurich et au Rensselaer Polytechnic Institute de New York et, comme on peut le voir clairement dans ce projet, il apporte beaucoup de raffinement architectural aux travaux de rénovation.

HANS-JÖRG RUCH

Salouf is located in the canton of Graubünden in Switzerland, set on a ledge on the east side of the Piz Toissa mountain. The Turmhaus (tower house) renovated by Hans-Jörg Ruch, a St Moritz architect who specialises in the renovation of local buildings, is a tripartite medieval house, the first part of which was built in 1390, with walls more than 1 metre (3 feet) thick. A wooden structure was built on these solid stone foundations in 1552. The architect created a new entrance to the building and removed 'historically irrelevant' parts of the wooden structure to install a simple cubic stainless steel kitchen block. A bedroom and bathroom were also installed. The exterior appearance of the structure was maintained, although joints were strengthened where necessary. Ruch studied at the ETH in Zurich and at the Rensselaer Polytechnic Institute in New York, and as clearly seen in this project he brings a good deal of architectural sophistication to renovation work.

Photography: Philippo Simonetti

CHALET APSARA

Grimentz, Switzerland

Cette résidence de 167 mètres carrés a été construite sur un site de petite taille en pente raide faisant face au Weisshorn (4 500 mètres), dans le village de Grimentz (canton de Valais). L'architecte parisien Marc Rolinet connaît bien la région et a fait les plans de plusieurs maisons dans les environs. Dans ce cas particulier, une grande terrasse en mélèze, construite en porte à faux, permet de profiter de l'exceptionnel paysage de montagnes. Trois chambres à coucher sont situées au premier niveau de la maison, l'espace de séjour et la cuisine occupant le niveau central et la chambre à coucher principale le niveau supérieur. Travaillant dans le cadre de codes de construction locaux très stricts exigeant une toiture à deux versants et une abondante utilisation de bois, l'architecte a placé les fenêtres de façon à maximiser les vues, qui vont de la forêt de pins aux sommets élevés.

MARC ROLINET

This 167-square-metre (1797-square-foot) residence was built on a small, steeply sloped site facing the Weisshorn (4500 metres; 14,700 feet), in the village of Grimentz (Valais). Parisian architect Marc Rolinet knows the region well and has designed a number of houses nearby. In this instance, a large larch wood terrace, which digs as little as possible into the slope, was designed to allow the clients to view the exceptional mountain scenery. Three bedrooms are located on the lower level of the house, with the living area and kitchen on the main floor and the master bedroom above. Working within stringent local building codes requiring a pitched roof and ample use of wood, the architect has placed the windows in a way that maximises the views, which range from pine forest to high mountains.

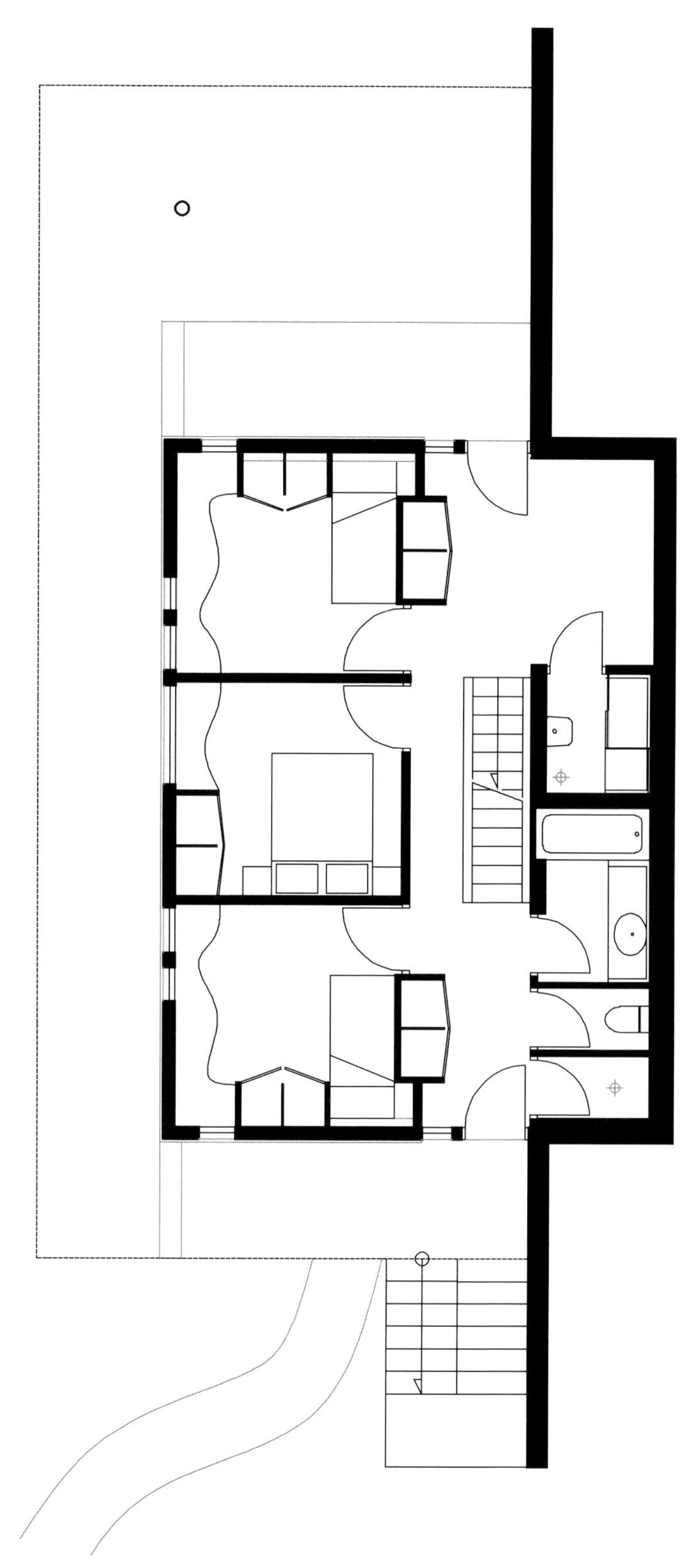

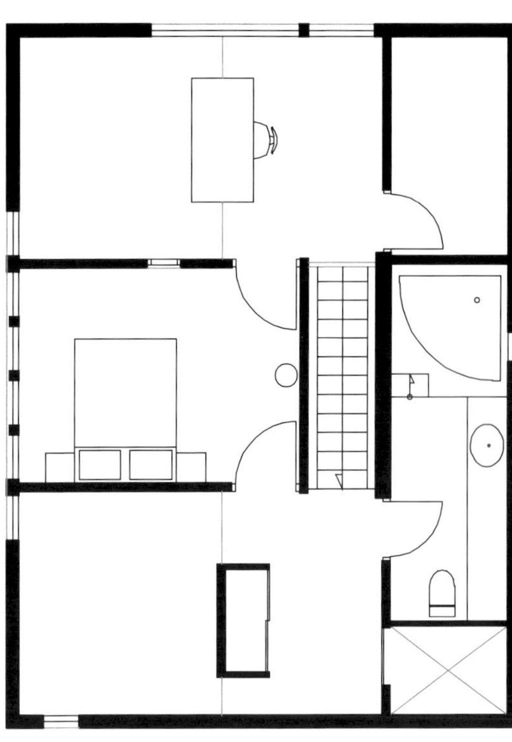

Photography: Milo Keller, courtesy Marc Rolinet

SHELVING ROCK RESIDENCE

Lake George, New York, USA

La résidence Shelving Rock se trouve sur la rive est du lac George, dans l'Etat de New York. Le caractère discret de cette maison de 400 mètres carrés et son parement en cèdre vert ont pour but de faire en sorte qu'elle se fonde dans la forêt environnante. La façade de l'entrée est en grande partie pleine, le côté opposé de la maison étant principalement vitré. Sise sur un escarpement fortement boisé, dominant le lac et les montagnes Adirondack au loin, elle comporte une cheminée de pierres et s'ordonne autour de l'escalier principal construit en pin Douglas avec des balustrades et des câbles en acier inoxydables. Toutes les pièces principales offrent des vues sur le lac, et la salle de séjour, la salle à manger et la cuisine communiquent entre elles. La chambre à coucher principale est adjacente à la salle de séjour et s'ouvre sur une terrasse. Le niveau supérieur comprend deux chambres à coucher et une aire de récréation pour les invités. La maison fait actuellement office de résidence de vacances, mais les propriétaires ont l'intention d'y habiter en permanence à l'avenir.

BOHLIN CYWINSKI JACKSON

The Shelving Rock Residence is located on the eastern shore of Lake George, New York. The low profile of the 400-square-metre (4300-square-foot) house and its green cedar siding are intended to make it blend into the surrounding forest. The entrance façade is mostly solid, with a primarily glazed surface on the opposite side of the house. Located on a densely forested bluff overlooking the lake and Adirondack Mountains in the distance, the house has a stone chimney and is organised around the main stairway built with Douglas fir, with stainless steel balustrades and cables. All major rooms have a view of the lake, and the living room, dining room and kitchen flow into each other. The master bedroom is adjacent to the living room and opens onto a deck, while the upper level has two further bedrooms and a recreation area for guests. The house presently functions as a vacation residence, although the owners eventually intend to reside there permanently.

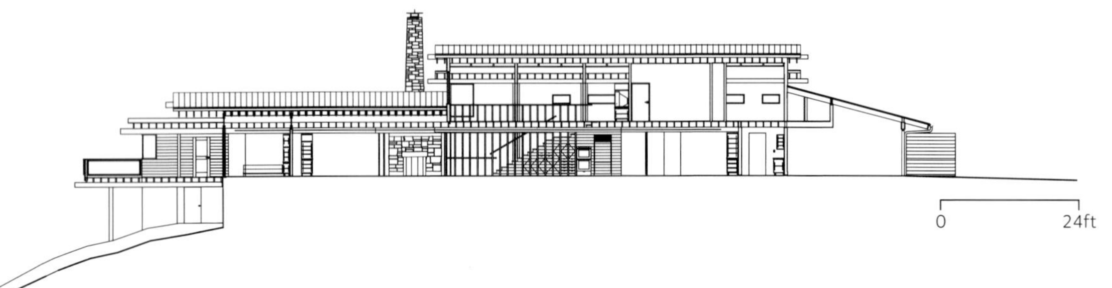
0
24ft

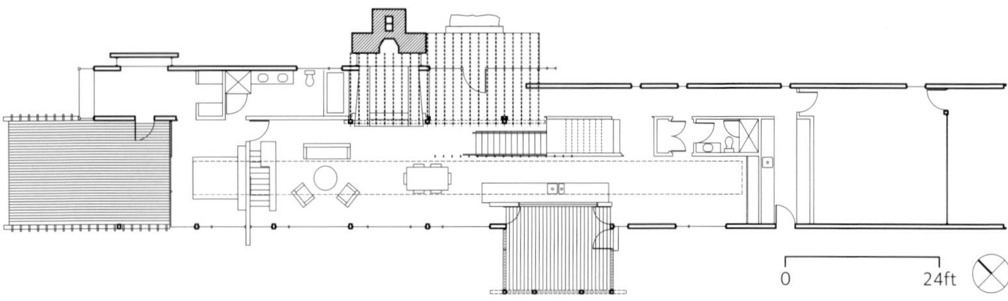
0
24ft

0
24ft
0
12ft

Photography: Nic Lehoux

GOLD HILL RESIDENCE

Sandpoint, Idaho, USA

Cette maison de dimensions modestes est construite sur un site abrupt au-dessus du lac Pend Oreille. Pourvue d'une ossature bois-béton avec des poutres et des chevrons en bois et des fermes apparentes, elle a des finitions extérieures en briques, en pierres locales et en parements de bardeaux en cuivre. Les arbres se trouvant sur la propriété ont été conservés pour encadrer les vues sur Sandpoint, Idaho, au pied des montagnes Selkirk. Taillée à flanc de coteau, la résidence a un toit recouvert de gazon sur le garage, une cave à vin et des ateliers de mécanique. Un balcon en courbe faisant penser à une cabane dans les arbres et une cavité extérieure pourvue d'un âtre permettent de vivre au grand air, pratiquement tout au long de l'année. L'architecte explique : « A mesure que la nature se formera autour de cette maison, cette dernière se fondera encore plus dans la colline boisée et, si tout va bien, perdra de son affirmation, à moins que l'on ne considère l'harmonie comme une affirmation. Cette maison est comme une vieille bouteille de bon vin, l'emballage est discret, mais la qualité et le caractère deviennent évidents à la première gorgée ».

This relatively small house is built on a steep site above Lake Pend Oreille. A concrete-and-wood frame structure with wood beam rafters and exposed trusses, the house is finished in brick, local stone and copper shingle siding. Existing trees were preserved in order to frame views of Sandpoint, Idaho, at the base of the Selkirk Mountains. Cut into the hillside, the residence features a sod roof on the garage, a wine room and mechanical areas. A curved balcony recalling a tree house and a covered outdoor nook and fireplace permit outdoor living at almost any time of the year. The architect explains, 'As nature forms around this home it will blend even more into the forested hillside and hopefully make even less of a statement, unless harmony is a statement. This home is like an old bottle of good wine, the packaging is subtle but the quality and character are evident in just the first sip'.

Aussie

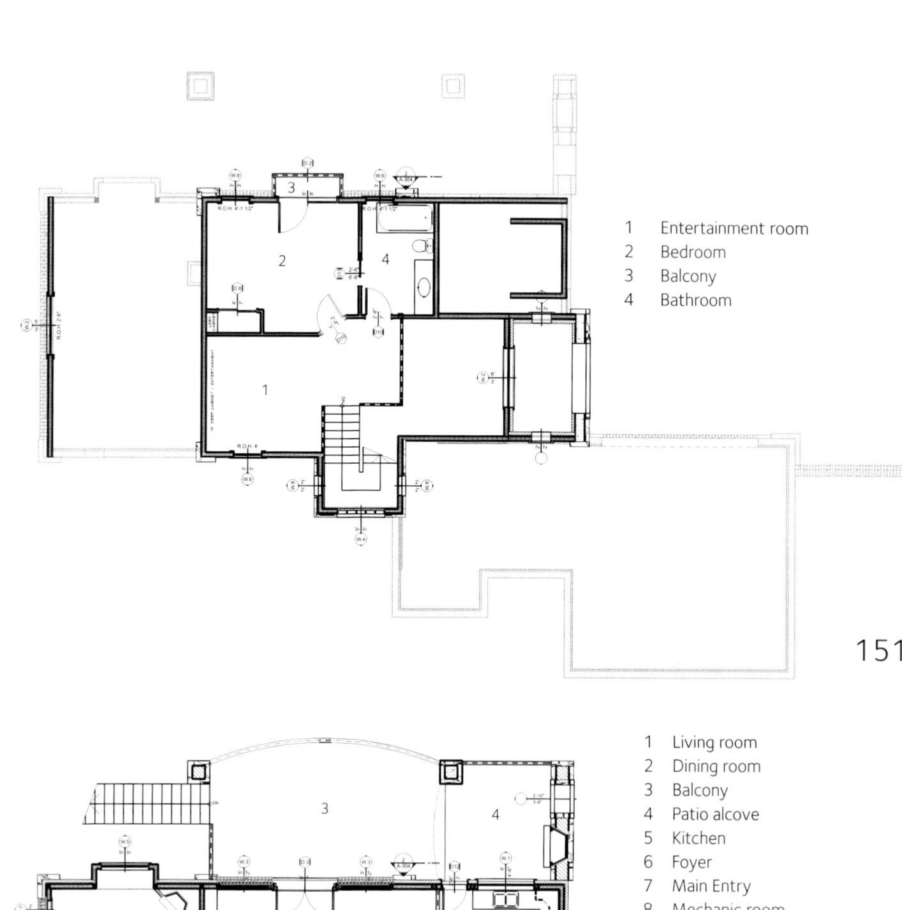

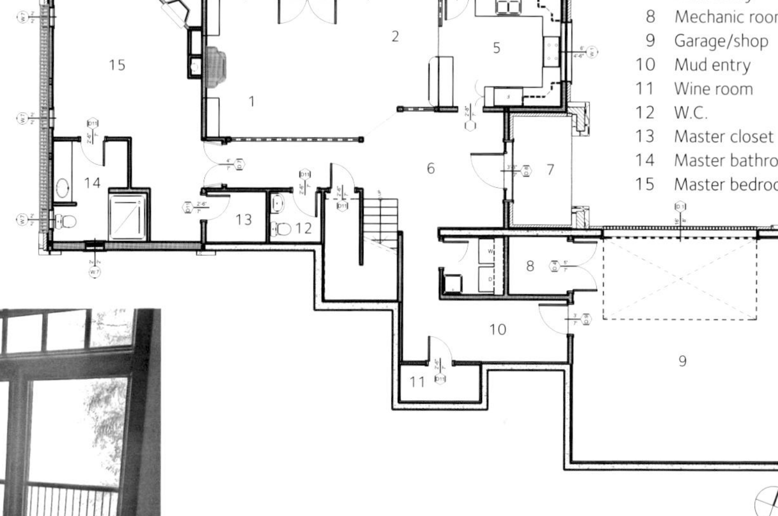

Photography: Ed Cushman

152

FINCA ES RAFALET

Majorca, Spain

Meinhard von Gerkan a fait les plans de cette extension de 190 mètres carrés à sa maison de vacances de 380 mètres carrés dans le nord de l'île de Majorque. Sise sur une saillie avec vue panoramique sur une grande section de l'île et donnant sur la baie d'Alcudia, la maison sert de résidence de vacances et de lieu de réunion pour les assemblées annuelles du cabinet d'architectes von Gerkan, Marg et Partners. Les dimensions de l'extension ont été déterminées par la réglementation locale en matière de construction, qui impose un site de 15 hectares pour une surface au sol de 500 mètres carrés. Un toit à deux versants recouverts de tuiles était également exigé par la réglementation. Les murs extérieurs sont crépis de plâtre et la structure est en bois de caroubier. Une salle de séjour de 60 mètres carrés est située au centre de la nouvelle construction et offre une vue spectaculaire sur la vallée.

Meinhard von Gerkan designed this 190-square-metre (2045-square-foot) extension for his holiday house in northern Majorca as an addition to the existing 380-square-metre (4090-square-foot) building. Set on a ledge with a panoramic view over a large section of the island and looking towards the Bay of Alcudia, the house is used as a vacation residence and is the location for the architectural firm von Gerkan, Marg and Partners' annual meetings. The size of the extension was determined by local building rules that require a 15-hectare (37-acre) site for 500 square metres (5381 square feet) of floor area. A tiled, pitched roof was also specified by regulations. The outside walls are plastered and the timber structure is made with locust wood. A 60-square-metre (645-square-foot) living room is located in the centre of the new building and features an impressive view over the valley.

1 Bathroom
2 Living room
3 Kitchen
4 Storage
5 Hall
6 W.C.
7 Bathroom
0
5m

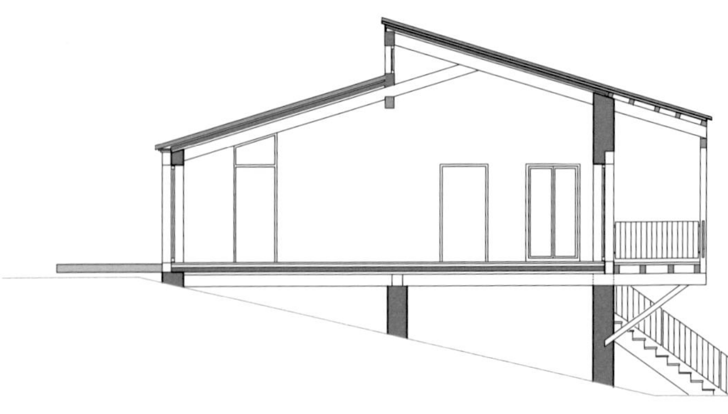

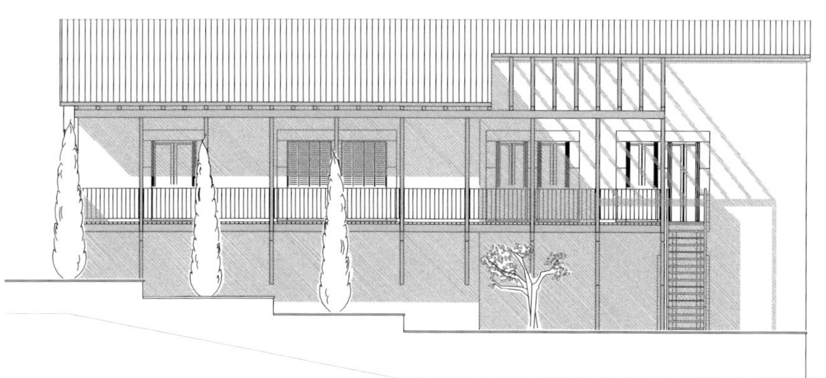

Photography: Heiner Leiska

SUITE ALPESTRE

Evolène, Switzerland

Située près de la magnifique vieille ville d'Evolène dans la région du Val d'Hérens en Suisse, cette maison, implantée sur un pâturage de haute montagne avec vue sur le pic de la Dent Blanche, tient tout particulièrement compte des risques d'avalanche sur le site. L'étable aux murs de pierres et la grange en bois d'autrefois ont été combinées en une configuration précise de 4 mètres sur 5 sur 3. Les structures ont été soigneusement démantelées puis reconstruites derrière un solide mur de protection en béton, dont la présence est affirmée au lieu d'être dissimulée. Un toit en pierre, caractéristique de l'architecture locale, y a été ajouté. Une cuisine et une salle de bain ont été adjointes à l'espace séjour des structures, qui n'étaient initialement destinées qu'à une occupation à court terme. L'architecte Inès Lamunière a fait de ce projet un élément essentiel d'un livre qu'elle a publié à L'Ecole polytechnique fédérale de Lausanne sur le sujet « Habiter la menace », qui décrit les parades architecturales dans les environnements présentant des dangers physiques.

DEVANTHÉRY & LAMUNIÈRE

Located near the beautiful old town of Evolène in the Val d'Hérens region of Switzerland, this house is set in a high mountain pasture with a view to the Dent Blanche peak. The stone-walled former stable and timber barn were combined in a precise 4- by 5- by 3-metre (13- by 16- by 10-foot) configuration. Carefully dismantled, the structures were rebuilt behind a solid protective concrete wall whose presence is affirmed rather than hidden. A stone roof, typical of local architecture, was added. A kitchen and bathroom were added to living space in the structures that were not originally intended for more than short-term occupation. The architect Inès Lamunière made this project, which specifically addresses the danger of avalanches on the site, a cornerstone of a book she published at the EPFL in Lausanne. Titled *Habiter la Menace* (Inhabiting Danger), it examines architectural responses to physically dangerous environments.

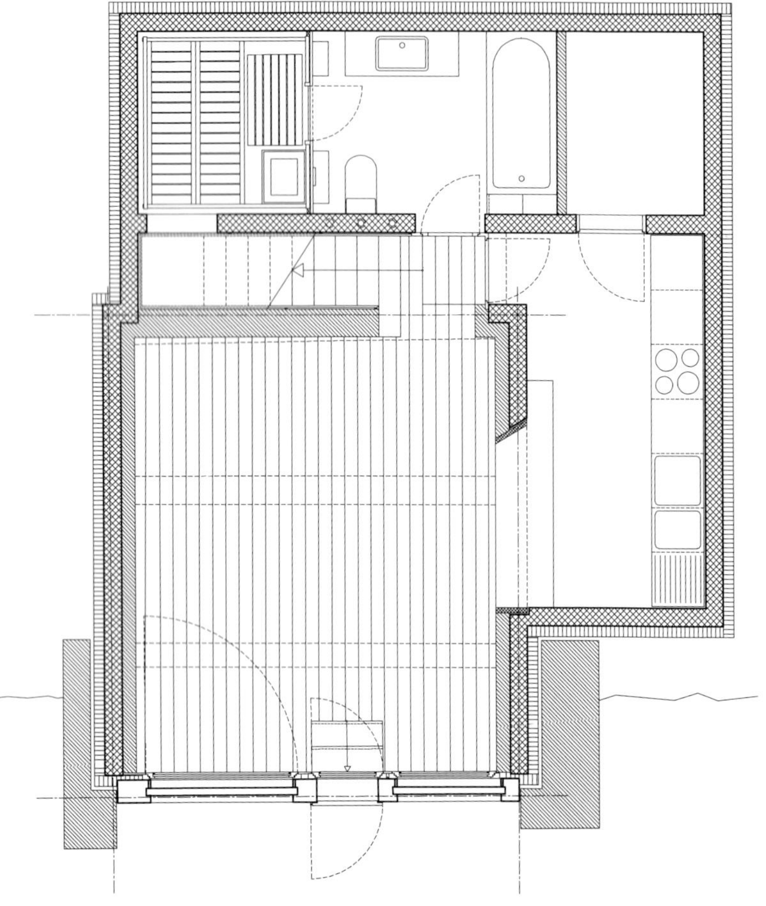

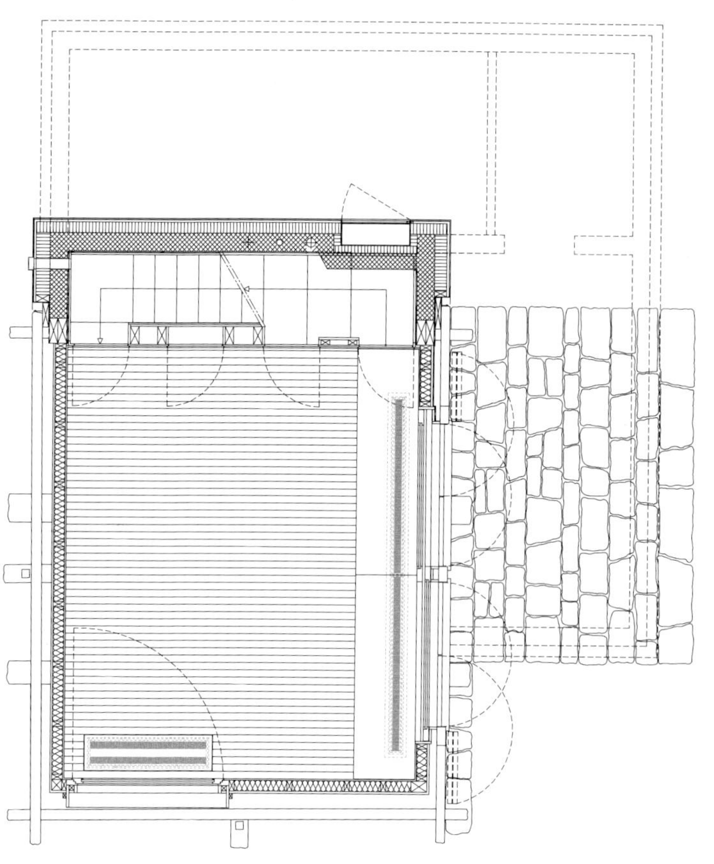

Photography: Fausto Pluchinotta

HOUSE IN CHAMOSON

Chamoson, Switzerland

Laurent Savioz

En 2003, un couple de Chamoson, dans le canton du Valais, a décidé de demander à l'architecte local, Laurent Savioz, de rénover une maison rurale de montagne qui datait de 1814. La maison comprend une salle de séjour, une cuisine, un bureau, une chambre à coucher, un studio de peinture, une cave à vin et une galerie d'exposition pour les peintures des propriétaires. Implantée juste à côté de l'ancienne maison des propriétaires, beaucoup plus traditionnelle (qui est maintenant utilisée pour les invités et la famille), la nouvelle construction a conservé ses murs de pierres naturelles, mais ses surfaces en bois et ses éléments structuraux ont été principalement remplacés par du béton – un projet osé dans une localité essentiellement traditionnelle. La réglementation locale en matière de construction exige que la surface vitrée se limite principalement aux fenêtres existantes de l'ancienne maison, un handicap brillamment surmonté par l'architecte, qui est parvenu à élargir un certain nombre de fenêtres là où il n'y avait auparavant que de petites ouvertures. L'architecte a également fait les plans de la cuisine, mais a laissé au propriétaire le soin de choisir sa couleur orange vif. C'est en effet la seule note de couleur à l'intérieur de la maison.

In 2003, a couple in the Valais town of Chamoson decided to ask local architect Laurent Savioz to renovate a rural mountain house built in 1814. The house includes a living room, kitchen, office, bedroom, painting studio, wine cellar and exhibition gallery for the owners' paintings. Set directly next to the couple's much more traditional former house (now used for guests and family), the new structure retained existing natural stone walls, but essentially replaced existing wood surfaces and structural elements with concrete – a daring scheme in a largely traditional community. Local building regulations required that glazed surfaces be mainly limited to existing windows in the old building, a handicap cleverly overcome by the architect who managed to expand a number of windows where previously there had been only smaller openings. The architect also designed the kitchen, but left the choice of its bright orange colour to the owner. Indeed this is one of the only touches of colour in the building.

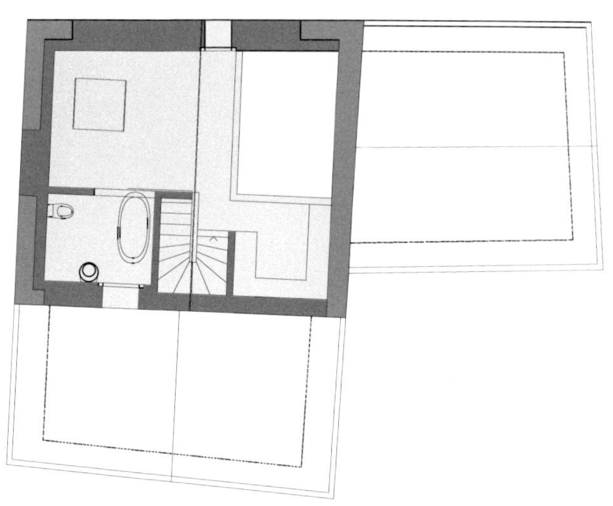

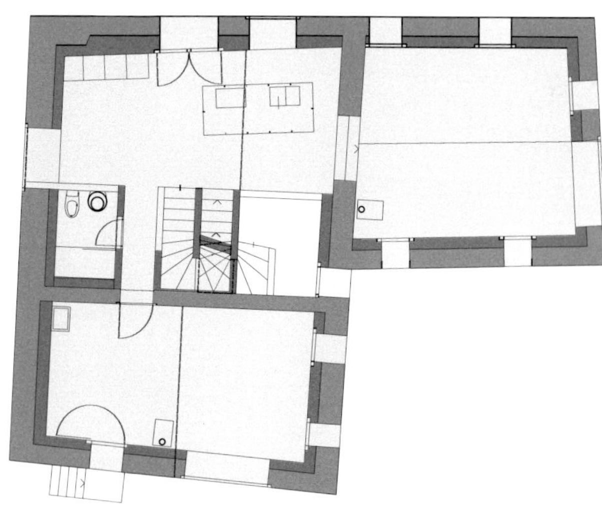

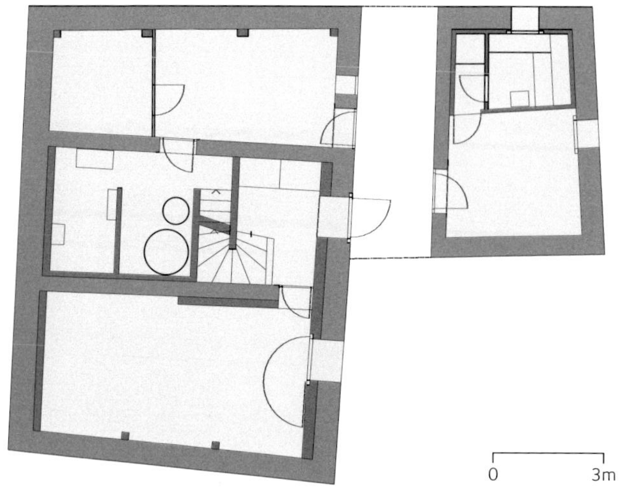
0
3m

Photography: Thomas Jantscher

BRIDGE HOUSE

Marin, California, USA

Stanley Saitowitz | Natoma Architects Inc.

Située sur une prairie boisée de 6 hectares, cette résidence-bar de deux niveaux d'un seul tenant mesurant 6,7 mètres de large relie les deux rives d'un ravin orienté dans la direction est-ouest. Les espaces de séjour se trouvent à l'étage et sont pourvus de murs vitrés continus ; au premier niveau, les chambres à coucher faisant face au sud sont entièrement vitrées. Les murs sont revêtus d'acier Corten et le toit comporte des panneaux photovoltaïques. Deux cours ouvertes au niveau supérieur conduisent à l'entrée, d'un côté, et à l'hôtel et la piscine, de l'autre. Dans ce projet, Saitowitz reste fidèle à son style géométrique prononcé, frisant le minimalisme, avec une présence marquée de l'acier, du béton et du verre dans les matériaux de construction. Les lignes intérieures de la maison sont nettes et géométriques, ce qui permet aux objets et meubles choisis par les clients de se démarquer sur cet arrière-plan moderniste.

Located on 6 hectares (15 acres) of wooded grassland, this continuous 6.7-metre-wide (22-foot) two-storey bar residence bridges a ravine running east to west. Living areas are on the upper level and have continuous glass walls, and the south-facing bedrooms below are also fully glazed. The walls are clad in Corten steel and the roof features photovoltaic panels. Two open courts on the upper level lead to the entry and also connect the main house to the guesthouse and pool. Saitowitz is faithful here to his strong geometric style, which borders on minimalism, with the marked presence of steel, concrete and glass in the building materials. The interior lines of the house are clean and geometric, allowing any objects or furniture chosen by the clients to stand out against this modernist background.

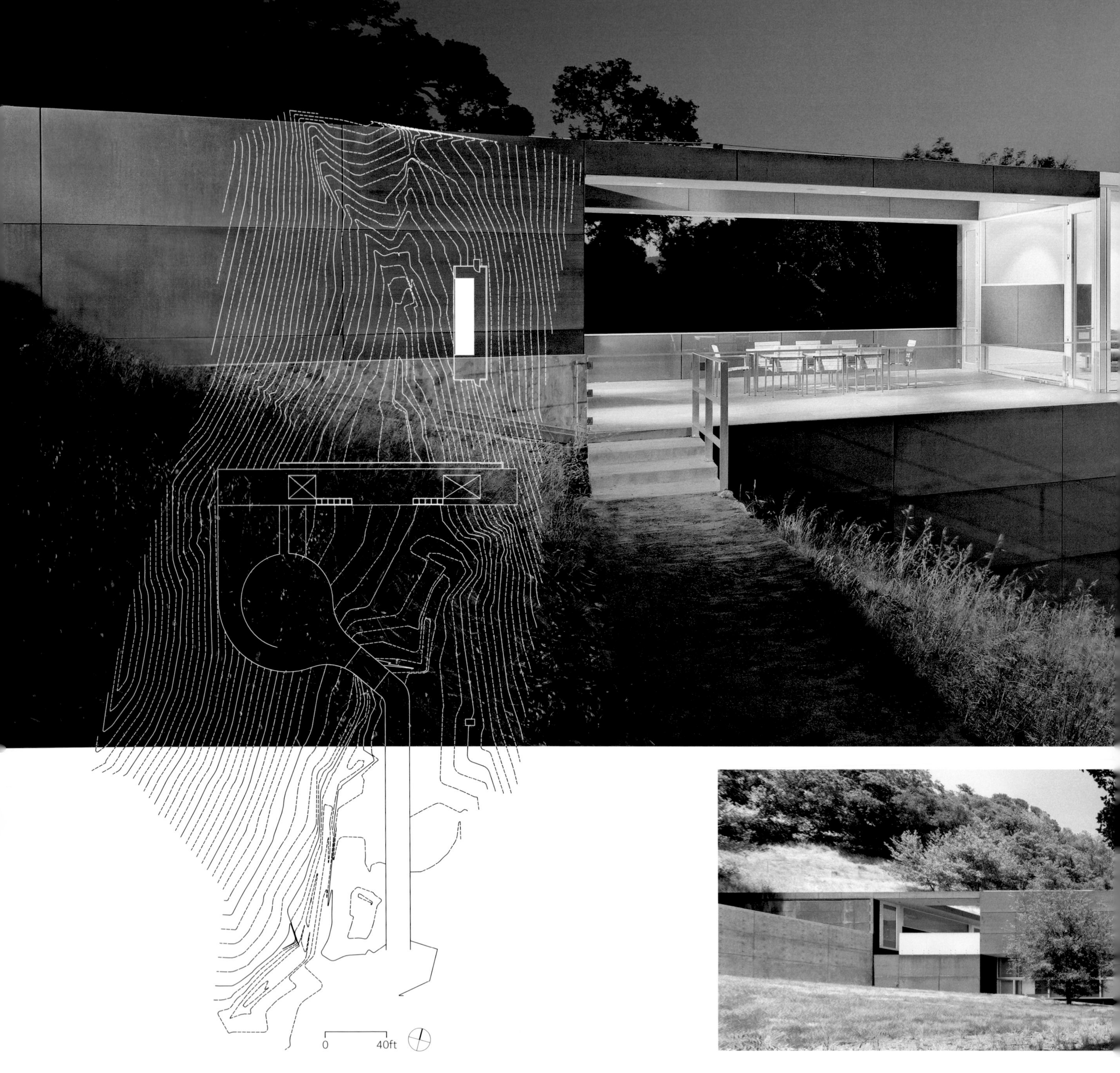
0
40ft

0
20ft

Photography: Rien Van Rijthoven

RIGI HOUSE

Scheidegg, Switzerland

Cette maison de 240 mètres carrés a été située sur la périphérie de son spectaculaire site alpin, afin de la distancer autant que possible des maisons avoisinantes, son emplacement offrant également la possibilité de futurs aménagements. La cave de béton arrime la construction au terrain en pente et comporte l'entrée et les espaces techniques. D'après les architectes, le volume de bois de la maison, placé sur ce soubassement, « fait penser à un bateau ». La cheminée en béton du foyer à âtre ouvert s'élève du toit tel un mât et forme, avec un mur en béton, l'ossature centrale de la maison derrière laquelle deux escaliers à une volée connectent les trois niveaux. Au rez-de-chaussée, le grand espace séjour de deux niveaux comporte des hauteurs de plafond variées. L'espace contenant la cuisine, d'une hauteur intentionnellement réduite, est destiné à créer une impression spatiale pareille à celle générée par les pièces basses des cabines de montagnes. Une fenêtre panoramique de 5 mètres de long encadre une vue grandiose et introduit une note de modernité. Le plan polygonal rend possible une division spatiale différenciée et donne une place importante à l'âtre ouvert à l'endroit le plus large de la salle de séjour.

FUHRIMANN & HÄCHLER

This 240-square-metre (2583-square-foot) house was located on the periphery of its stunning alpine site to create as much distance as possible between it and the neighbouring houses. The location also allowed for the possibility of building on the remainder of this site in the future. The concrete cellar anchors the building into the sloping terrain and houses the entrance and technical areas. According to the architects, the wooden volume of the house, placed on this base, 'appears something like a ship'. The concrete chimney of the open fireplace rises like a mast out of the cellar, and together with a concrete wall forms the backbone of the house behind which two single-flight staircases connect the three storeys. On the ground floor, the large, two-level living area features varied ceiling heights. The deliberately low area containing the kitchen is meant to create a spatial feeling like that generated in the low rooms in mountain huts. A 5-metre-long (16-foot) panoramic window frames a breathtaking view and introduces a touch of modernity. The polygonal plan makes a differentiated spatial division possible and gives the open fireplace prominence at the widest spot in the living room.

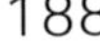

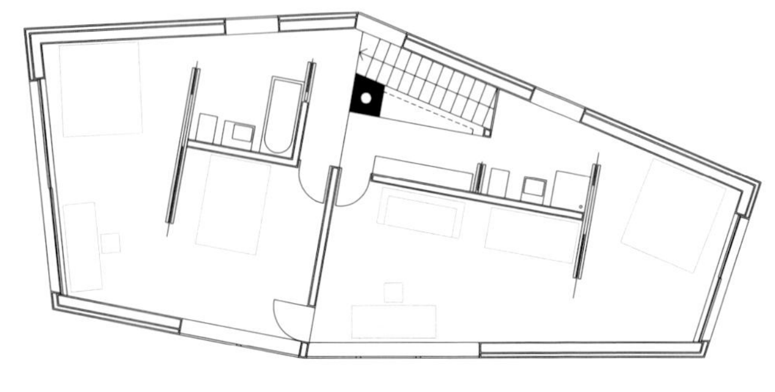

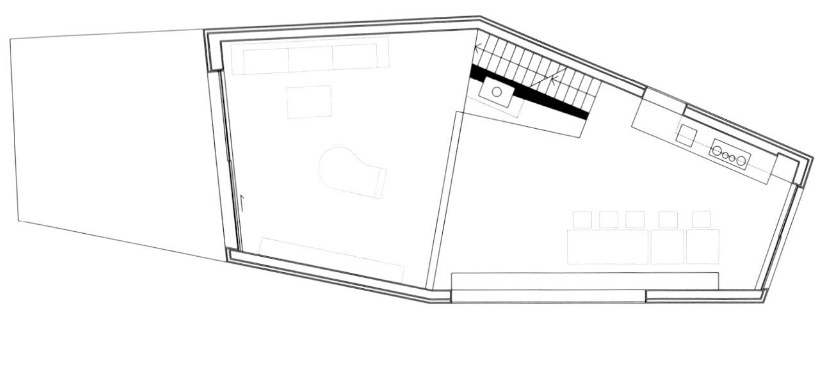

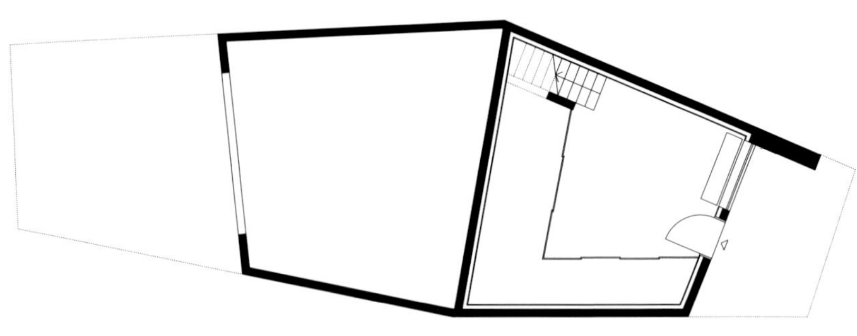

Photography: Valentin Jeck

BOTTLE BAY RESIDENCE

Lake Pend Oreille, Idaho, USA

Achevée en 2005, cette maison offre aussi des vues sur les montagnes Selkirk et est décrite par l'architecte comme étant une petite pension de famille sans prétention. Pourvue d'une ossature de bois et de béton, elle a des poutres et des chevrons en bois et un toit reposant sur une armature de bois. Les finitions extérieures sont en stuc, en pierres locales et en parements de bardeaux en bois. Un ensemble ouvert séjour / salle à manger / cuisine / balcon / grenier procure liberté de mouvement à travers la maison, tout en préservant la fonction de chacun des espaces. La chambre à coucher principale est située le long d'un torrent, et le sous-sol, éclairé par la lumière du jour, est destiné à servir d'espace familial privé. L'aménagement paysager comprend des plantes indigènes, des rochers, des ponts, des aires pour s'asseoir, un jacuzzi et un accès au lac et aux docks. L'architecte explique : « Les propriétaires voulaient une maison spéciale qui n'attire pas l'attention comme un trophée, mais qui fasse ressortir la beauté du lac montagnard ».

Completed in 2005, this house is described by the architect as a small, unpretentious guest home. A concrete-and-wood frame structure, the house has wooden beams and rafters and a wood-trussed roof. Exterior finishes are stucco, local stone and wood shingle siding. An open living, kitchen, dining, balcony and loft area allows a freedom of movement in the house while preserving the individual function of the spaces. The master bedroom wing is placed along a mountain stream, and the basement area is intended as a private, day-lit family space. The landscaping includes native plants, rocks, bridges, sitting areas, hot tub and access to the lake and dock. The architect states, 'The owners wanted a special home that did not attract attention like a trophy, but enhanced the beautiful mountain shoreline'.

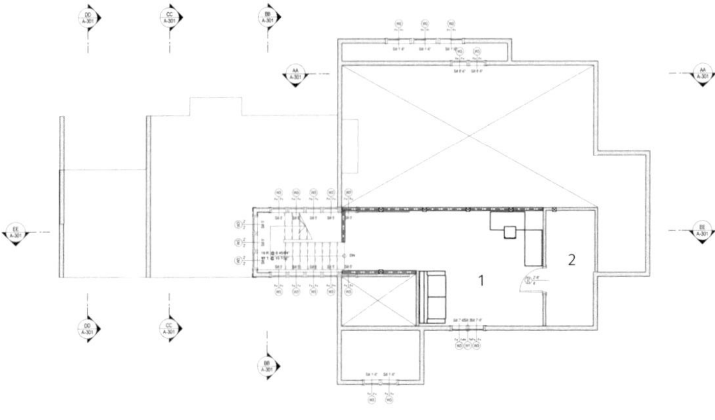

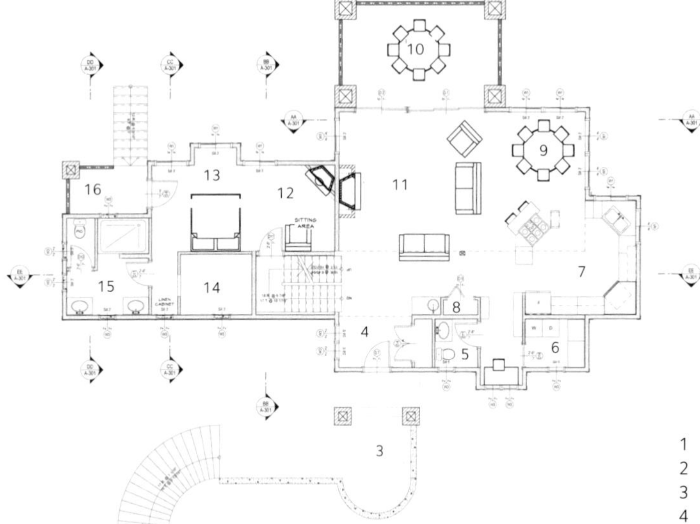

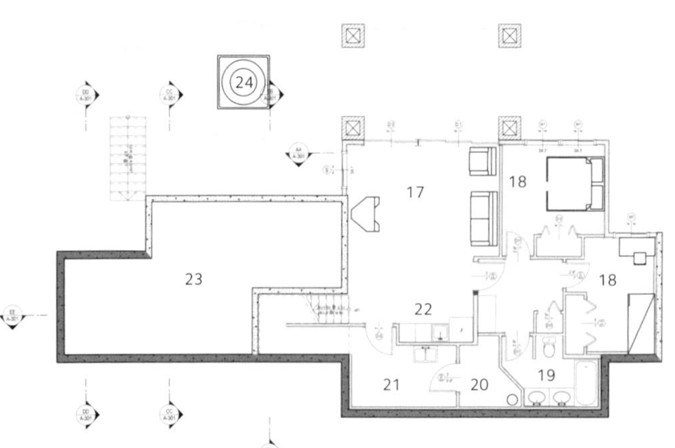

1 Loft/office
2 Storage
3 Entry patio
4 Main entry
5 Bathroom
6 Laundry
7 Kitchen
8 Pantry
9 Dining
10 Balcony
11 Living room
12 Sitting area
13 Master bedroom
14 Walk-in closet
15 Master bathroom
16 Master porch
17 Family room
18 Bedroom
19 Bathroom
20 Mechanical room
21 Storage room
22 Kitchenette
23 Crawl space
24 Hot tub

Photography: Ed Cushman

GORDUNO HOUSE

Gorduno, Switzerland

DAVIDE MACULLO

Ce qu'il y a d'inattendu avec cette maison, c'est qu'elle a une vue spectaculaire sur les montagnes, mais qu'elle est intentionnellement coupée de son environnement. Ceci est dû au fait que deux de ses façades donnent sur des zones d'habitation peu attrayantes construites dans les années dix-neuf cent soixante-dix et une troisième sur le jardin d'une école. Le jeune architecte Davide Macullo, qui a travaillé pendant des années dans le cabinet de Mario Botta, explique : « La particularité du site et le désir du client de préserver autant que possible la vie privée des membres de sa famille ont déterminé les choix faits pour ce projet : un grand mur est placé au nord, avec une ouverture encadrant une vue pratiquement imprenable sur la nature, et la dilatation des espaces intérieurs faisant face à la nouvelle cour met fin au déplacement vertical des étages ». Le canton suisse de Tessin a des hivers moins rigoureux que la partie du pays se trouvant au nord des Alpes et jouit d'un climat presque italien en été. La maison est conçue pour recueillir la chaleur en hiver avec son revêtement de sol sombre et pour s'en protéger en été au moyen de balcons couverts, taillés dans le volume principal en béton de la résidence. Sans doute d'une contemporanéité moins percutante que les maisons précédentes de Botta, la maison de Gorduno affiche néanmoins une certaine ressemblance à l'œuvre du vieux maître.

This house is unexpected in that it has a spectacular mountain view and yet is intentionally cut from its surroundings. This is because on two sides it faces a rather unattractive construction of area added to Gorduno in the 1970s and a school garden on a third side. The young architect Davide Macullo, who worked for a number of years in the office of Mario Botta, explains, 'The peculiarity of the site and the wish of the client to have as much privacy as possible for the members of the family defined the choices for this project: a large wall placed to the north with an opening that frames an almost untouched view of nature; and the dilation of the interior spaces facing the new courtyard that ends the vertical shifting of the floors'. The Ticino area of Switzerland has less rigorous winters than the areas north of the Alps, and it benefits from an almost Italian climate in summer. The house is designed to collect heat with dark flooring in winter and the protected balcony areas carved out of the main concrete volume of the residence offer relief in the summer. Perhaps somewhat more forcefully contemporary than Botta's early houses, the Gorduno House nonetheless shows some affinity for the work of the older master.

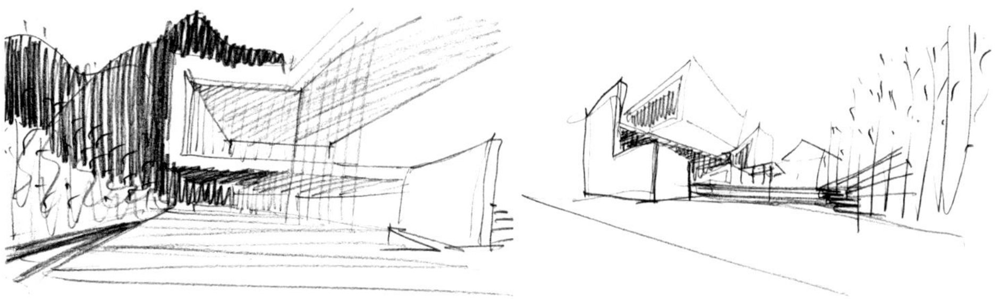

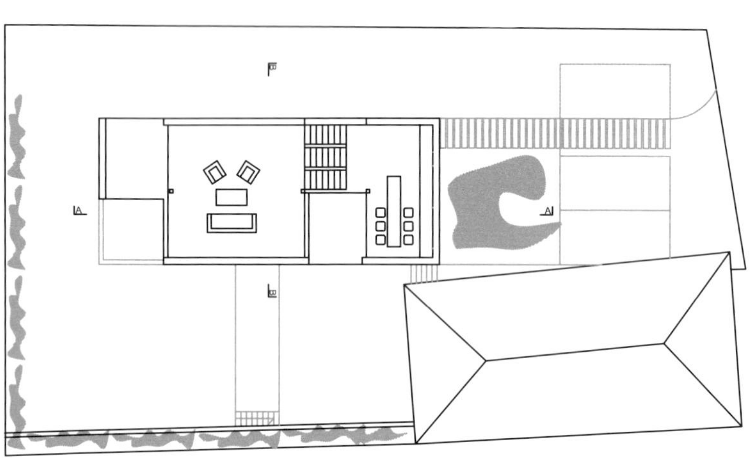

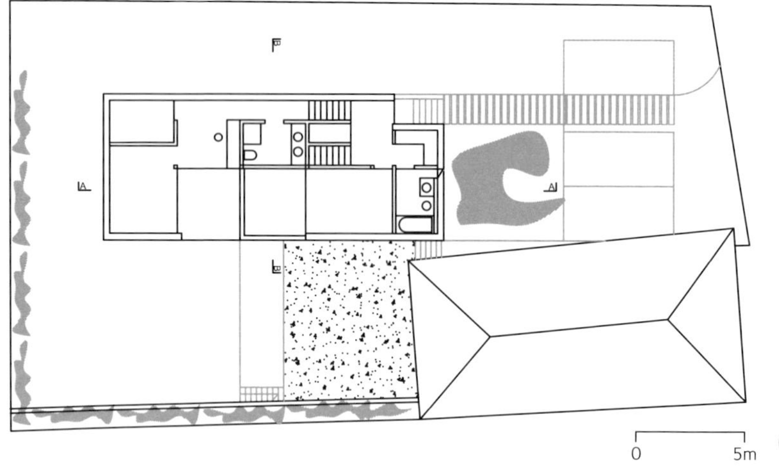
0
5m

Photography: Pino Musi

CHALET ROMA

Grimentz, Switzerland

Cette résidence de grandes dimensions, une des nombreuses résidences conçues par Rolinet dans la région, comporte un garage séparé et un espace séjour entièrement à double hauteur de plafond. La chambre à coucher principale et un petit bureau de travail sont situés côté rue, au niveau supérieur, eu égard à la hauteur de la salle de séjour et de la salle à manger, qui font face à la face recouverte de pins de la montagne de Sorebois. La cuisine se trouve au niveau principal, côté rue, et quatre chambres à coucher, une salle de bain et un sauna composent le niveau inférieur. Dans ce cas particulier, comme dans les autres chalets de Rolinet à Grimentz, les bardages en pin et les planchers en pierre ont été utilisés en abondance. Un bardage extérieur en pin teinté foncé et un toit en bardeaux intègrent ce chalet à l'environnement montagnard, et pourtant une sensation de modernité se dégage du vitrage abondant sur la façade Sorebois et de la disposition des espaces de séjour.

Marc Rolinet

One of several buildings in the area designed by Rolinet, this generous residence features a detached garage and a full double-height living area. The master bedroom is placed with a small study on the street side of the upper level to allow for the height of the living and dining space facing the pine-covered face of Sorebois mountain. The kitchen is located on the street side of the main floor, and four bedrooms, a bathroom and sauna are located on the lower level. Here, as in Rolinet's other Grimentz chalets, ample use is made of pine cladding and stone floors. Dark-stained pine cladding and a shingle roof make this house blend in with the mountain environment, and yet the basic sense of modernity of the architect is confirmed by the ample glazing on the side of Sorebois and by the disposition of the living spaces.

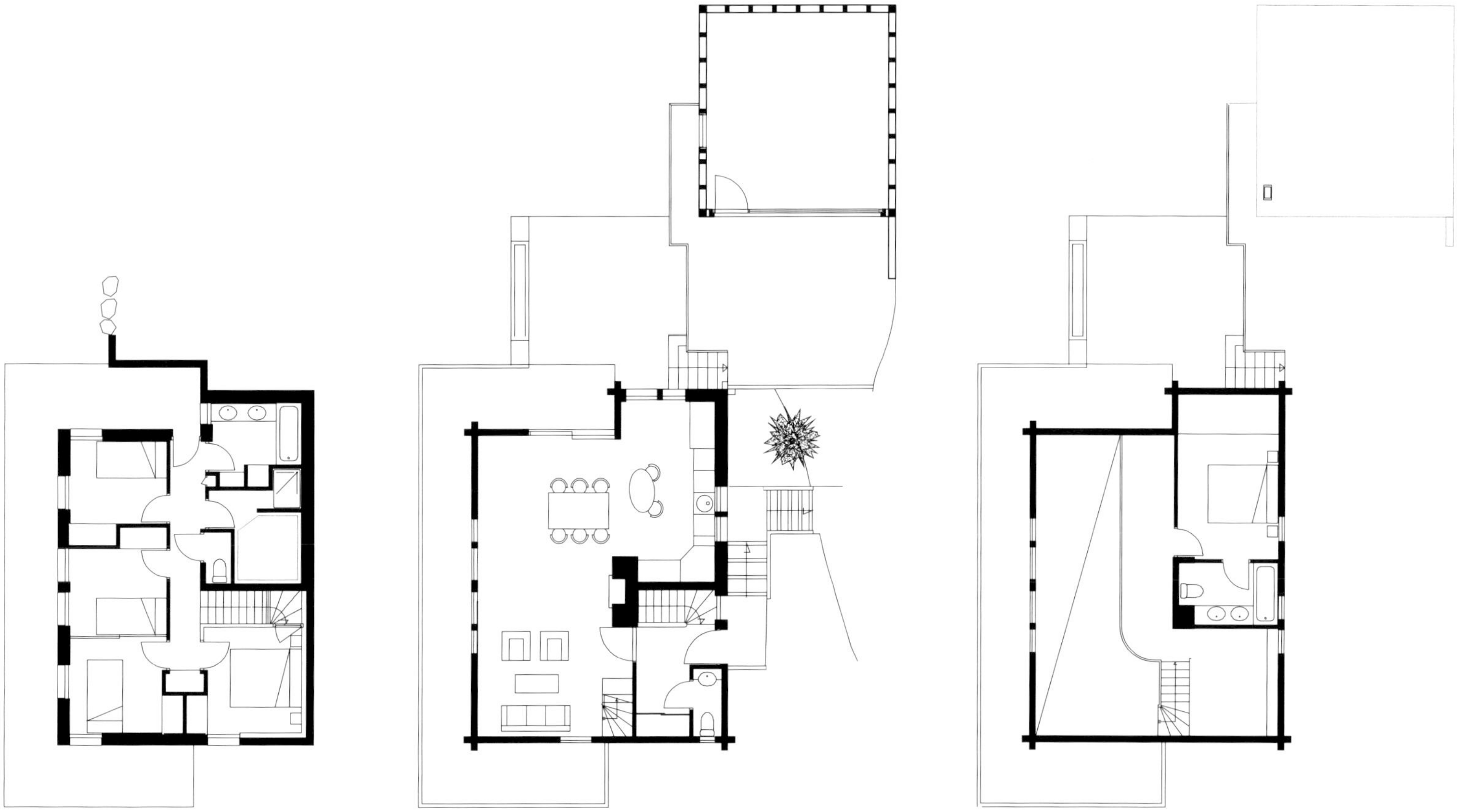

Photography: Milo Keller, courtesy Marc Rolinet

Galletti & Matter

HOUSE IN FULLY

Valais, Switzerland

Cette maison est située dans la plaine du Rhône, au pied du Grand Chavalard, une montagne de 2 900 mètres dans le canton suisse du Valais. Plutôt que de tirer leur inspiration des bâtiments environnants, Galletti & Matter ont décidé de baser la géométrie de leurs plans sur un verger voisin. Comme l'expliquent les architectes, le « bâtiment consiste en deux bandes qui utilisent le volume du verger ». Le volume sud contient les chambres à coucher et est en contact avec les poiriers. Le volume nord contient la salle de séjour et est élevé au-dessus du verger pour offrir une vue sur le flanc de coteau et les montagnes au-delà. Construite entre 2005 et 2006, la maison a une emprise au sol de 165 mètres carrés, plus une terrasse couverte de 25 mètres carrés.

This house is located in the plain of the Rhone River, at the base of the Chavalard Mountain (2900 metres; 9514 feet) in the Valais region of Switzerland. Rather than draw inspiration from surrounding buildings, architects Galletti & Matter decided to base the geometry of their design on a neighbouring orchard. As the architects explain, the 'building is made up of two bands that make use of the volume of the orchard'. The southern volume contains the bedrooms and is in close contact with a pear orchard. The northern volume contains the living room and is lifted above the orchard to offer a view of the hillside and the mountains beyond. Built between 2005 and 2006, the house has a footprint of 165 square metres (1776 square feet) plus a covered terrace of 25 square metres (269 square feet).

Photography: Thomas Jantscher

SCHWEITZER CHALET

Schweitzer Mountain, Idaho, USA

Ce chalet de ski familial, situé près d'un torrent, offre des vues sur les descentes de ski et les montagnes au-delà. Il a un profil en gradins pour une meilleure intégration au site. Bien qu'également utilisé pendant l'été, il a été conçu pour faire face à une épaisseur de neige allant de 2,5 à 3 mètres en hiver. Construit avec des murs à ossature bois-béton, il a des finitions extérieures en stuc, en pierres locales, en bardeaux de cèdre pour les parements et en échandoles de cèdre pour la toiture. Les matériaux utilisés pour l'intérieur comprennent du plâtre, du bois local pour le lambrissage des murs, du béton et du carrelage estampés pour les planchers, du pin local pour les boiseries et les plafonds, ainsi que pour les armoires et les placards faits sur mesure. L'architecte Tim Boden explique : « Le pignon à double rampant en pente donne une plus grande surface de vue sur la vallée sur un terrain étroit. Des couleurs et matériaux locaux ont été utilisés pour les finitions extérieures pour que la patine de l'âge se fasse avec élégance. La masse de la résidence forme une sculpture dans un paysage aux lignes de toit traditionnelles ».

This family ski chalet, situated next to a mountain stream, has views of the ski slopes and the valley beyond, and has a stepped design that allows it to fit the sloped site. Although it is also used in the summer, the house was designed to deal with snow that reaches a depth of 2.5 to 3 metres (8 to 10 feet) in winter. Built with concrete and wood frame walls, the house is finished in stucco, local stone, cedar shingle siding and cedar shake roofing. Interior materials include plaster, local wood wainscoted walls, stamped concrete-and-tile floors, local pine trim and ceilings, and custom-made furniture and cabinets. Architect Tim Boden explains, 'The double-stacking gable with the stepping-up-the-hill design allows for more surface area to the valley view on a narrow lot. Finishes were chosen from the native colours and materials to patina and age gracefully. The mass of the residence forms a sculptured feature on the landscape using traditional rooflines'.

Photography: Ed Cushman

HOUSE AT THE SHAWANGUNKS

New Paltz, New York, USA

Bohlin Cywinski Jackson

Cette maison de 195 mètres carrés est située parmi 2,5 hectares de nature à l'état sauvage. Le toit à un pan est parallèle à la déclivité abrupte du site boisé. Des parements en cèdre, teintés en rouge et vert, sont utilisés sur des formes géométriques, principalement un cube monté sur une fondation de béton teinté en noir et un volume rectangulaire se trouvant derrière. Un escalier recouvert de polycarbonate est placé dans le bloc rectangulaire qui contient la salle familiale au niveau inférieur, et la chambre à coucher principale et une salle de bain au niveau supérieur. Un coin salle à manger aux parois vitrées a été placé dans le côté sud-ouest du cube, où il semble flotter parmi les arbres. Les architectes expliquent la relation qui existe entre les propriétaires et l'architecture et la situation de la maison : « Les clients sont des artistes – il est cinéaste et graphiste et elle est conceptrice et fabricante de bijoux – qui aspirent à créer une modeste demeure dans un cadre dynamique. Varappeurs invétérés, ils sont tous deux de nature aventureuse et aiment à s'amuser, ce qui explique le jeu des formes géométriques dans leur maison ».

This 195-square-metre (2100-square-foot) house is set amid 2.5-hectares (6.3-acres) of pristine wilderness. The single-slope roof of the house rises parallel to the steeply inclined and wooded site. Cedar siding, stained red and green, is used on geometrically delineated forms, essentially those of a cube set on a black-stained concrete foundation and a rectangular volume behind it. A polycarbonate-clad stairway is placed in the rectangular block, with the family room below and the master bedroom and bath above. A glass-walled dining area is placed in the southwest side of the cube, where it appears to float among the trees. As the architects explain the relationship of the owners to this architecture and its location, 'The clients are artists, he a filmmaker and graphic designer, and she a jewellery designer and manufacturer, who aspired to create a modest house in spirited surroundings. Inveterate rock climbers, they share an adventurous, fun-loving nature, expressed by the play of geometric shapes in their house'.

0
12ft

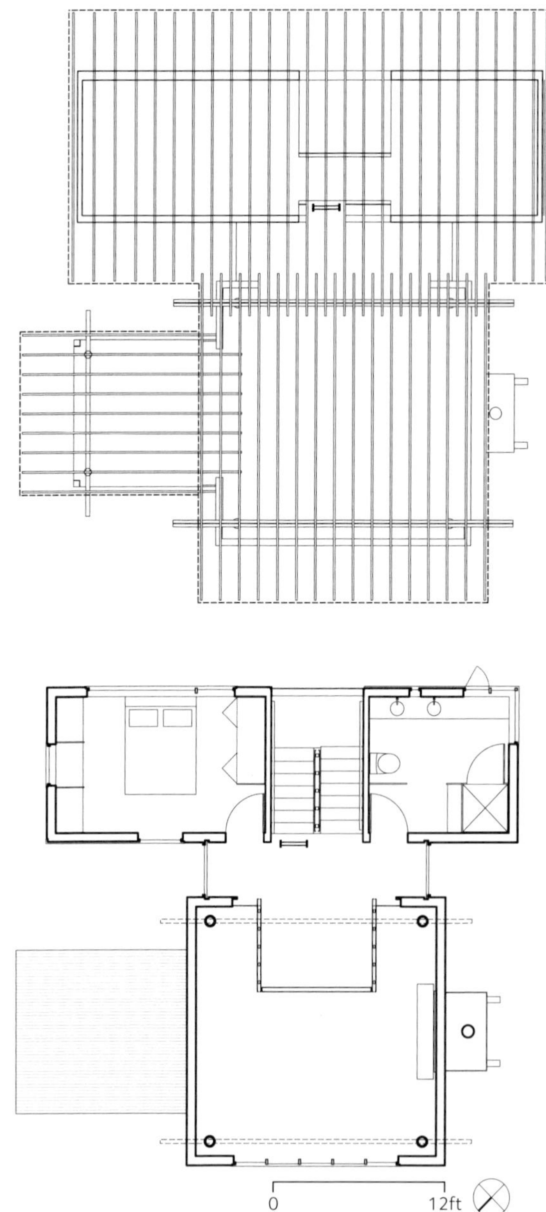
0
12ft

Photography: Nic Lehoux

Paul McKean architecture

NEAL CREEK RETREAT

Oregon, USA

Pour cette maison, les clients ont acheté un lot de 8 093 mètres carrés dans le but d'y faire construire une modeste résidence de week-end qui utiliserait les ressources de façon rationnelle et serait respectueuse de l'environnement. Situé dans une zone d'inondation et soumis à des restrictions imposées par la réglementation locale, le site a posé des problèmes aux architectes, qui ont pris la décision d'élever la construction entièrement au-dessus du niveau du sol. Un patio et une aire de stockage couverts ont été créés sous cette résidence de deux chambres à coucher, ayant pour conséquence de procurer de meilleures vues sur la rivière, par-dessus les cimes des arbres. Les travaux ont été achevés au printemps 2007. Des matériaux de construction renouvelables, recyclables ou naturels, achetés sur le marché local, ont été utilisés dans la plus grande mesure du possible. Des parements en cèdre et un calorifugeage en coton font partie des matériaux de construction. Les dispositifs viables à long terme comprennent des installations d'alimentation en eau à faible débit et un toit plat conçu pour l'aménagement d'une future toiture écologique. Comme l'explique l'architecte : « La résidence Neal Creek s'appuie avec précaution sur son site, maximisant son panorama sur la vallée et la rivière, et minimisant son impact sur l'environnement naturel ».

The clients for this house purchased an 0.8-hectare (2-acre) parcel of land and sought to build a modest weekend retreat that would be highly efficient and ecologically minded. Located in a floodplain area and subject to regulatory restrictions, the site posed challenges for the architect who decided to lift it fully off the ground. A covered patio and storage area was created below the two-bedroom residence, consequently allowing for better views of the creek over the treetops. Work on the house was completed in the spring of 2007, and locally purchased renewable, recyclable or natural building materials were used to the greatest extent possible. Sustainable features include low-flow water fixtures and a flat roof engineered to support a future planted eco-roof. As the architect explains, 'The Neal Creek residence treads lightly upon its surroundings, maximising valley and water views, with minimal impact to the natural environment'.

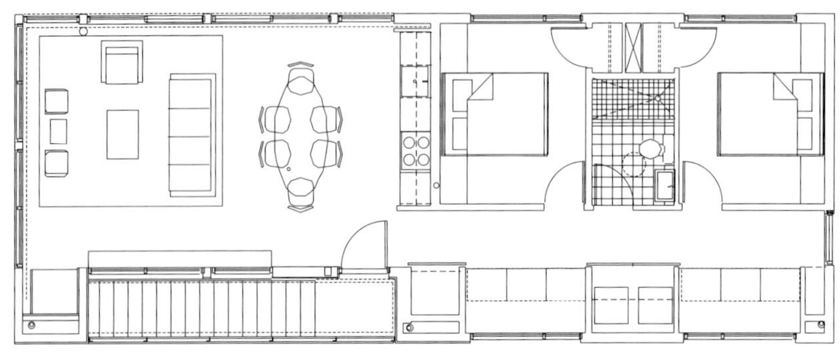

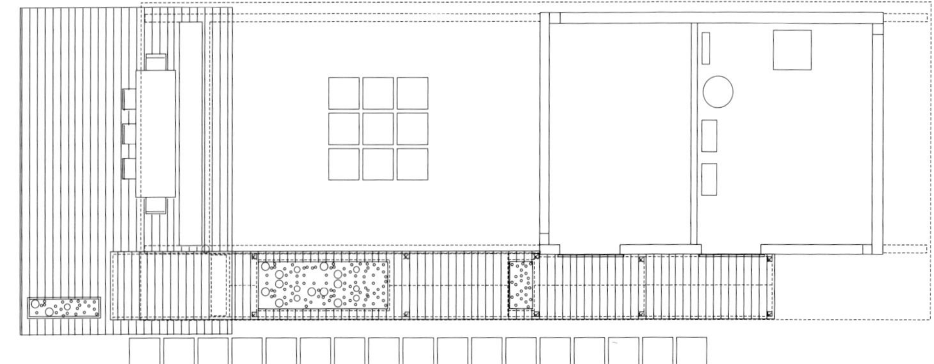

218

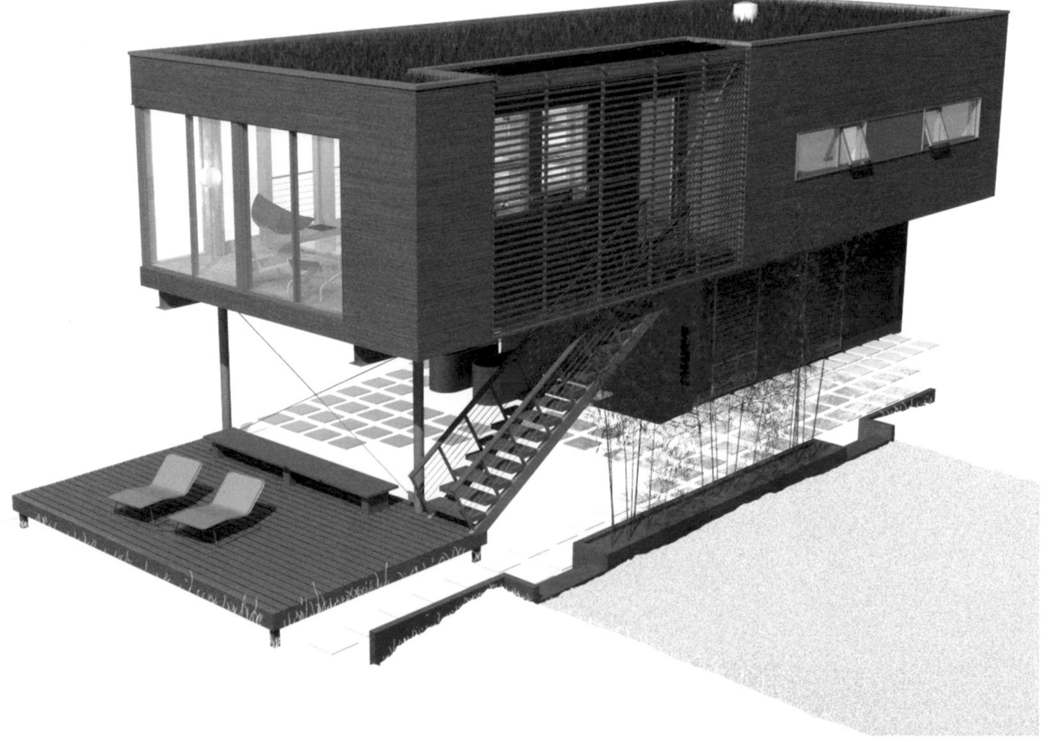

Photography: courtesy Paul McKean architecture

MOUNTAIN LODGE

Gudbrandsdalen, Norway

Jarmund/Vigsnaes Architects

Cette loge de montagne, divisée en deux maisons, est située sur une vire surplombant une vallée et étreignant un énorme rocher. Les résidences, dont la superficie totale est de 430 mètres carrés, s'ordonnent autour d'une cour centrale, qui serait mieux décrite comme étant un « jardin de neige » entouré de surfaces vitrées. La structure principale est en bois, mais des murs doubles en pierres apparentes, à l'extérieur comme à l'intérieur, protègent les maisons et offrent des vues bien délimitées sur l'extérieur. Le toit et les murs secondaires extérieurs sont recouverts de panneaux de bois non traités. Les architectes expliquent : « Le plan est structuré en une série d'espaces individuels disposés le long de l'allée de circulation intérieure qui entoure la cour. Le toit est agencé sur un même niveau, mais les planchers sont en gradins par rapport au terrain en pente et forment ainsi une hiérarchie d'espaces en fonction de la hauteur ».

This lodge, divided into two houses, is located on a mountain shelf overlooking a valley, embracing a very large boulder. The residences, which total 430 square metres (4628 square feet), are organised around a central courtyard, in this instance more of a 'snow garden' surrounded by glazed surfaces. The main structure is wood, but double-sided stone walls, visible from the exterior and the interior, shelter the buildings and offer focused views to the exterior; the roof and secondary external walls are covered with untreated wood panels. The architects explain, 'The plan is organised as a series of individual spaces set along the internal walkway that surrounds the courtyard. While the level of the roof is fixed in section, the floors step in relation to the falling terrain and thus organise a hierarchy of spaces related to height'.

gulv garasje

Photography: Nils Petter

Marcio Kogan

BR HOUSE, ARARAS

Rio de Janeiro, Brazil

La maison BR, d'une superficie de 739 mètres carrés, est située sur un grand site de 6 820 mètres carrés. L'intention des architectes était d'intégrer totalement la maison au paysage forestier de la région montagneuse de Rio de Janeiro-Petrópolis. Construite en béton, métal, bois, aluminium et verre, elle a deux niveaux, le plan de base étant axé sur deux lames de ciment monolithiques. Le premier niveau abrite une piscine chauffée et un sauna et est pourvu d'un grand mur de verre pour permettre la contemplation du paysage. Faisant face à la piscine, l'énorme mur de verre encadre le décor naturel en arrière-plan – la forêt atlantique brésilienne. L'architecte est particulièrement intéressé par la façade en bois ; il s'explique : « La façade recouverte de bois que nous appelons la 'peau' fait fonction de filtre à lumière ; elle est composée de lattes verticales en bois qui, sur les terrasses et les appartements, s'ouvrent complètement à la manière d'une crevette (elles s'enroulent et se retroussent à mesure qu'elles s'ouvrent). A la tombée de la nuit, cette peau semble être entièrement illuminée, entourée par cette magnifique forêt montagneuse ».

The 739-square-metre (7954-square-foot) BR House is set on a generous 6820-square-metre (73,409-square-foot) site. The architect's intention was to totally integrate the house with the forest landscape in the mountainous region of Rio de Janeiro-Petrópolis. Built of concrete, metal, wood, aluminium and glass, the residence is laid out on two floors, with the basic design revolving around two monolithic cement blades. The ground floor has a heated pool and a dry sauna with a large fixed-glass wall so that one can contemplate the landscape. Looking towards the pool the enormous glass wall frames the background scenery – Brazil's Atlantic rainforest. The architect is particularly interested in the wooden façade and explains, 'The wood-covered façade that we call a "skin" consists of a light filter made of vertical wooden strips which, on the terraces of the suites, open completely in a shrimp-like manner (they roll and turn up as they are opened). At nightfall, this skin looks as if it is totally lit, surrounded by this beautiful mountainous forest'.

1 Living room
2 Circulation
3 Bedroom
4 Bath
5 Kitchen
6 Bridge
7 Deck – Solarium

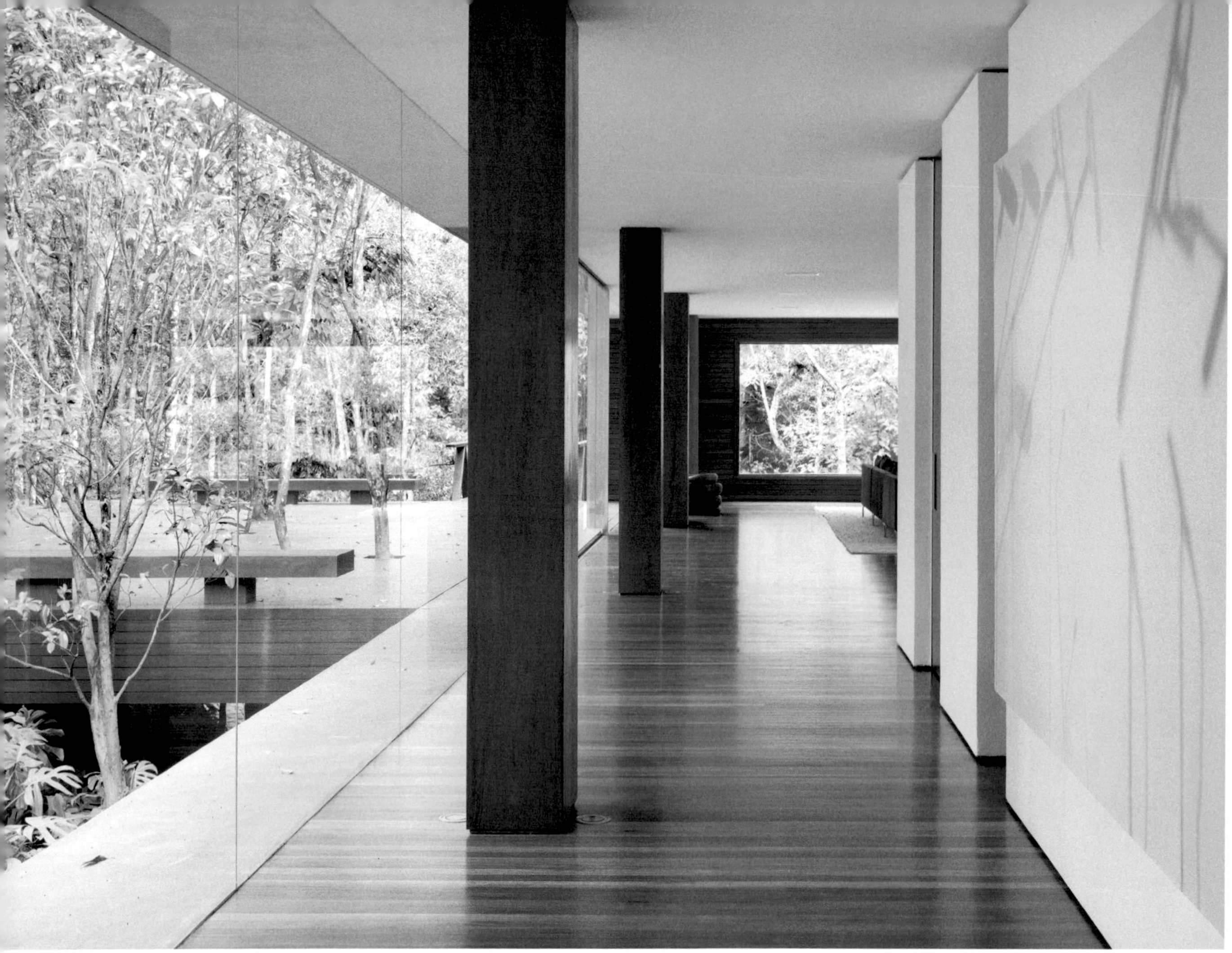

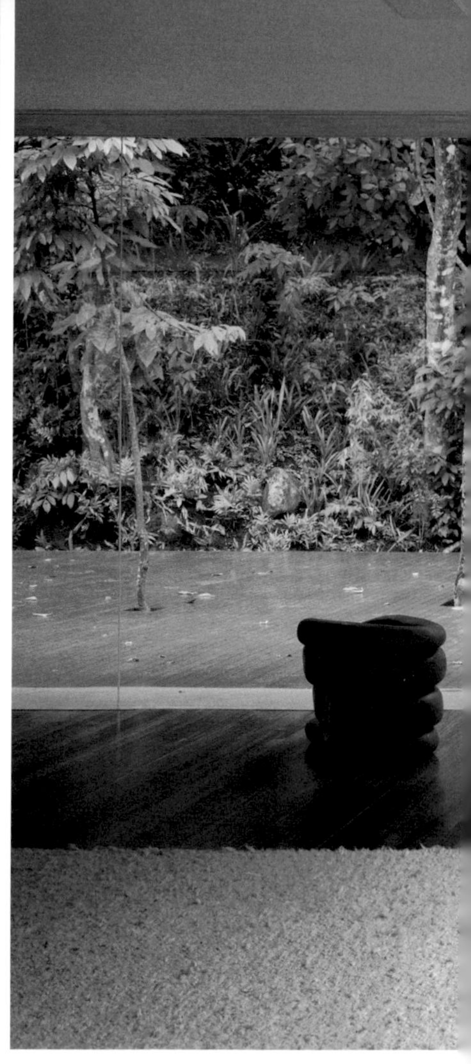

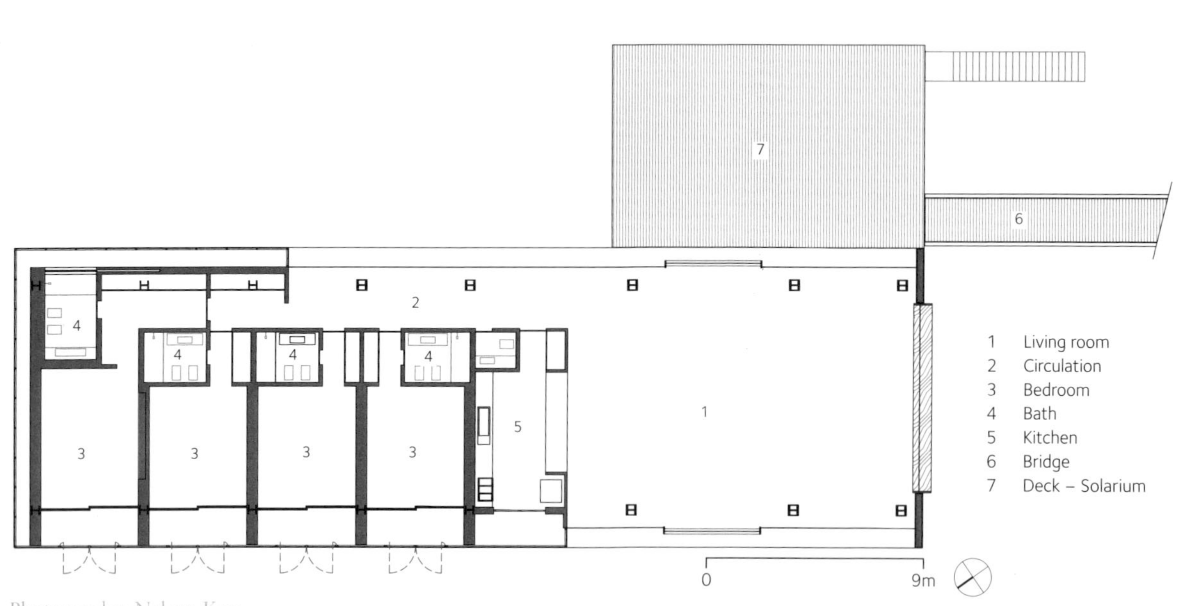

Photography: Nelson Kon

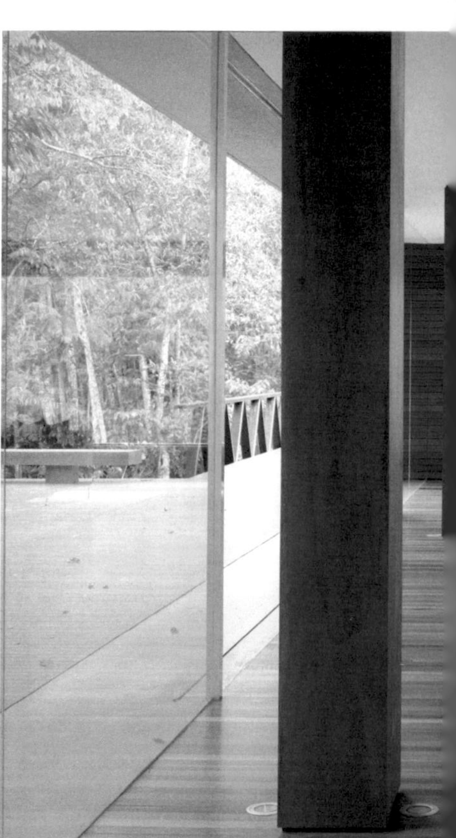

NORMAN RESIDENCE

Wanaka, New Zealand

PARKER WARBURTON
TEAM ARCHITECTURE

D'après les architectes, « Le 'voyage vertical' et la 'vire précaire' inspirés par l'escalade d'un pic montagneux forment le concept de cette nouvelle maison, sise sur la crête d'une colline surplombant la baie de Roy et la municipalité de Wanaka ». Le client de Parker Warburton voulait une maison qui soit simple de forme et mette à profit les vues sur le centre du lac Wanaka. Une construction des années dix-neuf cent quarante, dont la vue sur le lac était bloquée par des arbres, a été enlevée du site et remplacée par une simple boîte en bois extrudé, divisée en deux niveaux et encadrée par une structure d'acier. La maison est en grande partie revêtue de planches en cèdre. L'espace séjour du niveau inférieur peut être divisé en deux au moyen d'un écran coulissant opaque et donne accès à la piscine et aux espaces extérieurs de la maison. Quatre grandes chambres à coucher, dont la chambre à coucher principale avec un angle de vue de 180°, se trouvent au niveau supérieur. Quatre terrasses en encorbellement offrent un espace extérieur abondant.

According to the architects, the 'vertical journey' and the 'precarious ledge' inspired by the experience of scaling a mountain peak formed the concept of this new home, set on the crest of a hillock overlooking Roy's Bay and the township of Wanaka. Parker Warburton's client wanted a house that was simple in form and took advantage of views towards the centre of Lake Wanaka. An existing 1940's structure on the site blocked from a view of the lake by trees was removed and a simple extruded timber box split into two levels and framed by a steel structure replaced it. The house is clad mostly in cedar weatherboard. The living area on the ground floor can be split in two by an opaque sliding screen and gives access to the pool and outdoor areas of the house. Four large bedrooms, including the master bedroom with a 180-degree view, are located on the upper level, and four cantilevered decks offer ample outdoor space.

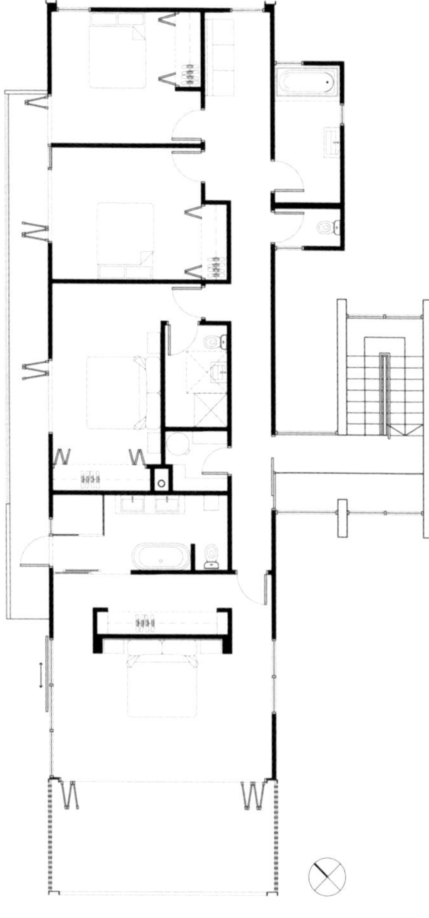

Photography: Suellen Boag

MARIO BOTTA

CARDADA HOUSES

Cardada, Switzerland

Ces maisons de week-end dans le canton de Ticino en Suisse, près de la ville de Locarno, ont toutes deux une surface au sol de 120 mètres carrés. Construites en bois sur un soubassement en béton, elles ont toutes deux la même forme et comportent une terrasse avec vue panoramique sur le lac. Des portes-fenêtres coulissantes situées aux coins de chaque maison offrent des vues dominantes dans toutes les directions. Agencées sur un seul niveau, la chambre à coucher et la salle de bain font face au nord, alors que les salles de séjour à double hauteur sont orientées vers le sud. Comme le dit Botta : « L'idée d'un vaste séjour unique est d'offrir une variante relaxante valable pour les maisons destinées à servir de résidences principales ». Les façades sont recouvertes de zinc-titane, contrastant avec la nature environnante.

These two weekend houses in the Ticino area of Switzerland, near the city of Locarno, each have a floor area of 120 square metres (1291 square feet). Built with wood on a concrete base, both houses have the same shape and feature a terrace with a panoramic lake view. Sliding window–doors located in the corners of each house offer commanding views in all directions. Organised on a single level, the bedroom and bathroom face north while the double-height living rooms face south. As Botta says, 'The idea is to provide a single large living room as a valid relaxing alternative to the formality of houses intended as primary residences'. The façades are clad in titanium-coated zinc in contrast to the surrounding natural setting.

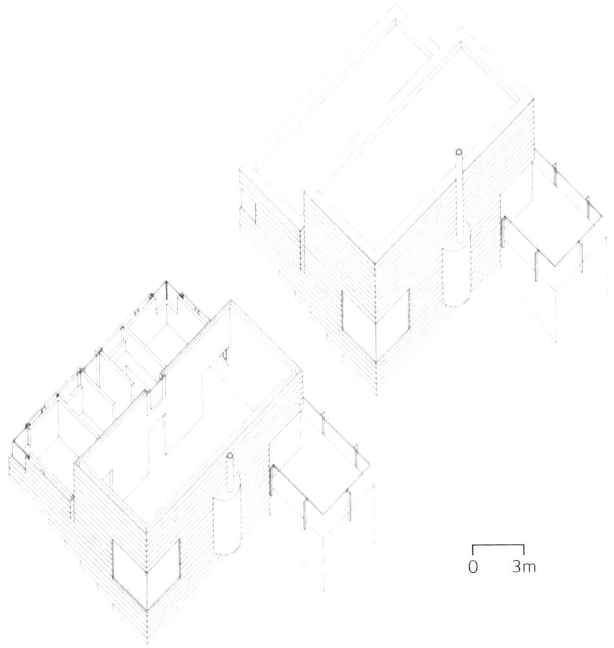

Photography: Enrico Cano

Caramel Architekten

KAPS HOUSE

Saalfelden, Austria

Sise sur un site de 700 mètres carrés, cette petite extension de 67 mètres carrés a été achevée en 2005. La partie la plus ancienne de cette ferme rénovée date du 13e siècle. A l'aide d'une structure préfabriquée en bois et d'une ossature extérieure de membrane PVC renforcée par des fibres de verre qu'ils ont ajoutées à l'extrémité nord du bâtiment existant, les architectes ont créé deux nacelles spatiales de mêmes dimensions, séparées par un espace en alignement axial qui offre une vue ouverte sur tous les côtés à travers des surfaces vitrées. Le toit de l'extension a servi à créer une nouvelle terrasse pour le niveau supérieur. Un escalier, menant tout droit au jardin, est situé entre la nouvelle construction et l'ancienne et pourrait éventuellement servir d'accès séparé, si la nouvelle aile venait à être utilisée pour des locaux distincts à l'avenir. La nacelle faisant face à l'est contient une chambre à coucher et une salle de bain, celle faisant face à l'ouest contient une salle de séjour. Comme l'expliquent les architectes : « Le plan de niveau de la bâtisse toute simple d'origine a été modifié pour créer deux unités autonomes avec des entrées distinctes, offrant ainsi des espaces séjour séparés pour deux familles ».

Located on a 700-square-metre (7534-square-foot) site, this small 67-square-metre (721-square-foot) extension was completed in 2005. The oldest part of this renovated farmhouse dates back to the 13th century. Using a prefabricated wooden structure and an exterior shell of fibreglass-reinforced PVC membrane added to the northern end of the existing building, the architects created two space pods of equal size separated by an axially aligned space that affords an open view through glazed surfaces on all sides. The roof of the extension was used to create a new terrace for the upper level. A stairway is located between the new and old structures, leading directly to the garden and potentially serving as a separate access should the new wing function as a separate unit in the future. The east-facing pod houses a bedroom and bathroom, while the western pod contains a living room. As the architects explain, 'The floor plan of the simple, extant building was modified to create two autonomous units with separate entranceways, thus providing distinct living spaces for two families'.

living room
20,98 m2
anteroom
7,46 m2
sleeping room
23,35 m2
existing structure

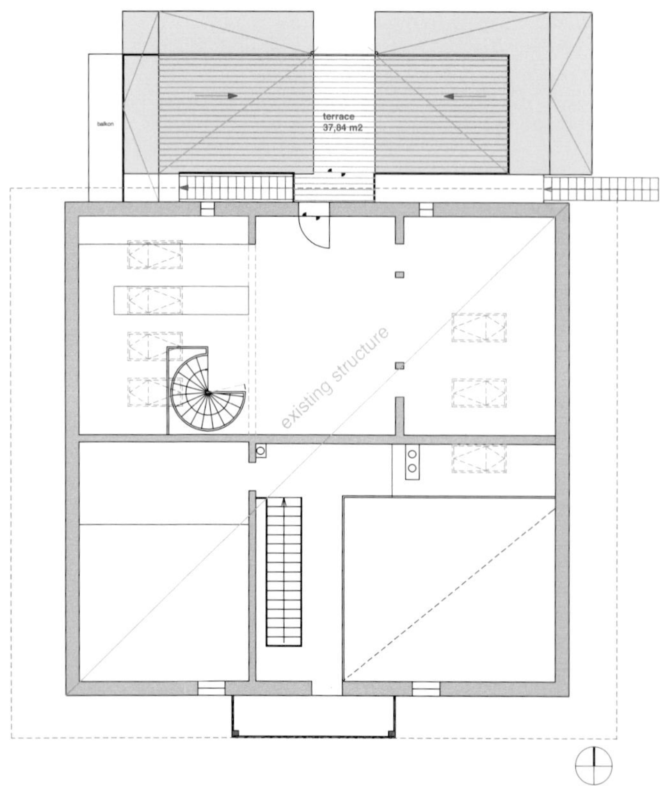

Photography: J Felsch; courtesy Caramel Architekten

CHALET GREYSTONE

Courchevel, France

Jean-Michel Wilmotte, un ensemblier et architecte de renom qui a travaillé au Louvre et dans de nombreux autres musées, ainsi que sur une multitude de résidences privées, a conçu ce grand chalet de 400 mètres carrés dans la station de sports d'hiver française de Courchevel en utilisant des surfaces en acier apparent. Ce choix de matériau a surpris une ville habituée aux constructions en bois, mais comme Wilmotte avait utilisé un toit incliné et un soubassement de pierre, il n'a pas été désavoué. Lorsqu'il a été terminé, le maire de Courchevel a déclaré que le chalet s'inscrivait dans la tradition audacieuse de la ville et qu'il fallait faire attention à ne pas se laisser enfermer dans un état d'esprit trop classique. Des stores mobiles métalliques noirs ajustables mécaniquement permettent de contrôler la lumière à l'intérieur, où une salle de séjour de 8 mètres de hauteur est enclose par deux murs de béton bardés de pierres. Une grande terrasse en ipé s'ouvre à l'arrière avec vue sur la vallée, et l'entrée et les côtés terrasses comportent de grandes ouvertures vitrées.

Jean-Michel Wilmotte, a noted interior designer and architect who has worked in the Louvre and many other museums as well as numerous private residences, conceived this large 400-square-metre (4305-square-foot) chalet in the French ski resort of Courchevel using visible steel surfaces. This choice of material was met with surprise in a town more used to wooden buildings, but a sloped roof and stone base were compensatory features. When the house was finished, the mayor of Courchevel declared that the chalet was very much in the audacious tradition of the town and that one must be wary not let oneself become enclosed in too classical a frame of mind. Mechanically controlled black metal moveable shades permit easy control of light inside the house where an 8-metre-high (26-foot) living area is enclosed by two stone-clad concrete walls. A large terrace in ipe wood opens out at the rear of the house with a valley view, and large glazed openings are features on the entry and terrace sides of the house.

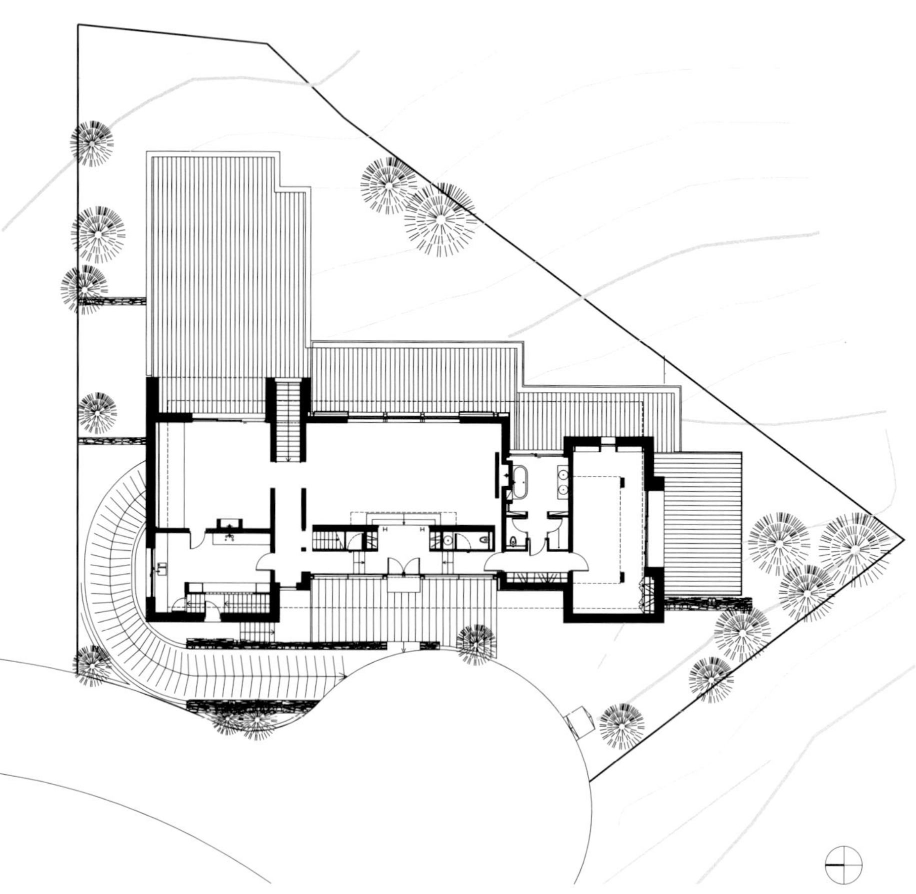

Photography: Pascal Tournaire/Wilmotte & Associés SA

Rand Soellner Architect

ARTS & CRAFTS MASTERPIECE

Highland, North Carolina, USA

Cette maison est située à Ravenel Ridge, un quartier résidentiel sécurisé sis à 1 265 mètres d'altitude, avec des vues lointaines sur une vallée et les montagnes au-delà. La première mesure prise par l'architecte a été de faire tourner la maison de façon à capter au mieux le panorama. Le plan, plutôt large sur ce site fortement incliné, prévoit des coûts réduits pour les fondations et donne une place importante à la vue. La chambre à coucher principale se trouve au premier niveau, de même qu'un bureau-bibliothèque et un vestibule en travertin. Une grande cuisine pourvue d'un coin repas fait contraste avec une salle de séjour plus conventionnelle dans une haute tourelle-baie dans la grande salle qui offre des vues panoramiques sur les montagnes pendant les repas. Une terrasse, ou « salle de séjour extérieure », est placée sur un côté pour ne pas bloquer les vues de l'intérieur. Il y a trois chambres à coucher, une salle d'exercice et un petit cabinet de travail au niveau supérieur. Des colonnes de granit, des murs de fondation revêtus de granit et des planches et lattes en pin peintes en gris sont les matériaux extérieurs les plus visibles. La maison a une surface de plancher de 729 mètres carrés, garage et porches couverts compris.

This house is located in Ravenel Ridge, a gated community set at 1265 metres (4150 feet) above sea level with distant views of a valley and the mountains beyond. The architect's preliminary measure was to ensure that the house would be oriented to best capture the view, and the rather wide design on this steeply sloped site allows for lower foundation costs as well as maximising the view. The master bedroom is located on the main level, as is a study–library and a travertine-clad foyer. A large kitchen with an informal dining area is in contrast with a more formal dinner space in a tall bay–turret in the great room, which allows for panoramic mountain views while dining. A terrace or 'outdoor living room' is set to one side to avoid blocking views from within. There are three bedrooms, an exercise room and a small study on the upper floor. Granite post pedestals, foundation walls clad with granite, and pine board and batten painted grey are the most visible exterior materials. The house has a heated floor area of 568 square metres (6113 square feet) and a total floor area of 729 square metres (7844 square feet) with the garage and covered porches included.

252

Photography: Mark Hutchison

MOUNTAIN CABIN

Praz-de-Fort, Switzerland

GENINASCA DELEFORTRIE

Situé dans le canton de Valais en Suisse, ce chalet a une superficie de 125 mètres carrés. Le bardage extérieur est en mélèze brut, des panneaux de pin sont utilisés pour l'intérieur, et le bois constitue aussi l'élément structural essentiel de la construction. Les architectes expliquent que le style minimaliste, suspendu au-dessus du site, a pour but de préserver le décor naturel. Il rappelle également les granges de la région (raccards), qui sont généralement sur pilotis pour protéger le foin des rats. L'espace séjour de 3 mètres sur 12 englobe la salle de séjour, la salle à manger et la cuisine, laissant un espace minimal pour les quatre chambres à coucher. Une grande terrasse extérieure en encorbellement a été conçue non pas comme un élément ajouté, mais comme faisant partie intégrante de la maison.

Located in the Valais region of Switzerland, this chalet has an area of 125 square metres (1345 square feet). The exterior cladding of the house is in rough larch wood, pine panels are used inside, and wood also constitutes the basic structural component of the building. The architects explain that the minimalist design, suspended over the site, is intended to preserve the natural setting. It also brings to mind local barns (raccards) that are generally set up on pilotis to preserve the hay they store from rats. The 3- by 12-metre (10- by 39-foot) living space combines the living room, dining room and kitchen, leaving minimal space for the four bedrooms. A large, cantilevered outdoor terrace has been designed not as an added-on component but as a functioning element of the house.

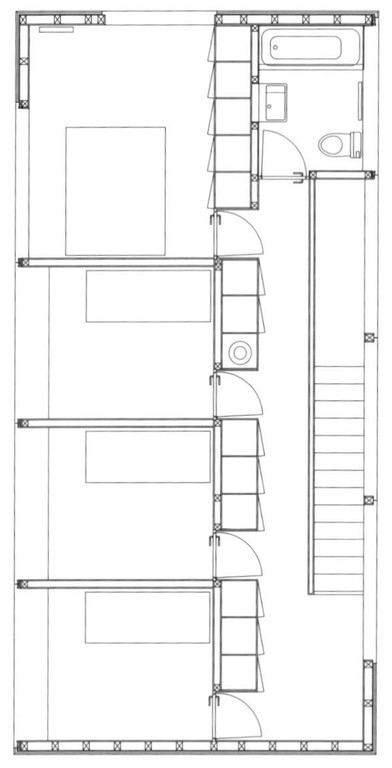

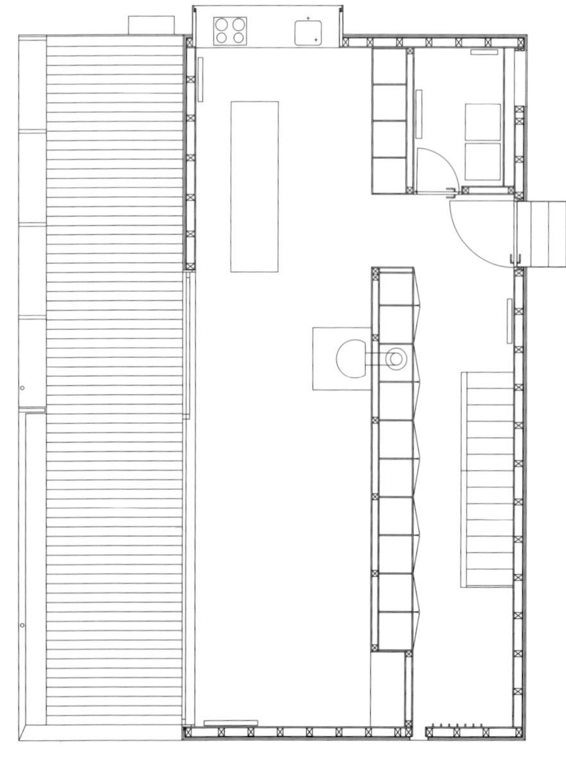

Photography: Thomas Jantscher

ROSSA HOUSE

Rossa, Switerland

Davide Macullo

Cette petite maison de 38 mètres carrés se trouve dans un village rural dans le sud du canton des Grisons en Suisse. Parlant du cadre, l'architecte Davide Macullo déclare : « L'extraordinaire paysage de montagnes fait penser au rapport ancestral de l'homme avec la nature et à la lutte quotidienne des humains pour survivre dans des conditions extrêmes ». Bien que d'un style très contemporain, cette petite maison s'appuie délibérément sur les traditions locales de construction, alors que sa forme principale est créée par deux murs parallèles en béton. Un espace sur un niveau semi-enterré autrefois réservé aux animaux contient maintenant un jacuzzi et un sauna, et le rez-de-chaussée contenant l'espace séjour s'ouvre sur une terrasse. Le niveau supérieur sert d'espace de relaxation ou de rangement et le toit en bois, détaché des murs en béton, est recouvert de pierres naturelles en raison de la réglementation locale. Une galerie sous le toit offre une vue de 360° sur la vallée montagneuse. Macullo explique : « Le nouveau volume est inséré de la même façon que les bâtiments traditionnels qui l'entourent et engage le dialogue avec son environnement, comme le demande le contexte. La résidence est perpendiculaire aux constructions avoisinantes et parallèle à l'église, et le chemin d'accès est marqué par un nouveau mur de pierre qui prolonge ceux du cimetière et se termine sous le porche d'entrée de la maison ».

Located in the southern Grigioni area of Switzerland, this small, 38-square-metre (400-square-foot) house is set in a rural village. In relation to the setting, architect Davide Macullo states, 'The extraordinary landscape of the mountains reminds one of the ancestral relationship between man and nature and the daily fight to live in extreme conditions'. Although this small house is quite contemporary, it deliberately reflects local building traditions, while using two parallel concrete walls as its main form. A space on a half-underground level formerly used to house animals now features a spa and sauna, and the ground floor opens up onto a terrace and contains a living area. The upper level is for relaxation or storage. The wooden roof, detached from the concrete walls, is clad in natural stone due to local regulations. An upper roof gallery offers a 360-degree view of the mountain valley. Macullo explains, 'The new volume is inserted in the same way as the traditional buildings around it and engages in a dialogue with its environment that is typical of such contexts. The residence is set perpendicular to neighbouring structures and parallel to the church, and the access path is marked by a new stone wall that extends those of the cemetery and ends under the entrance porch of the house'.

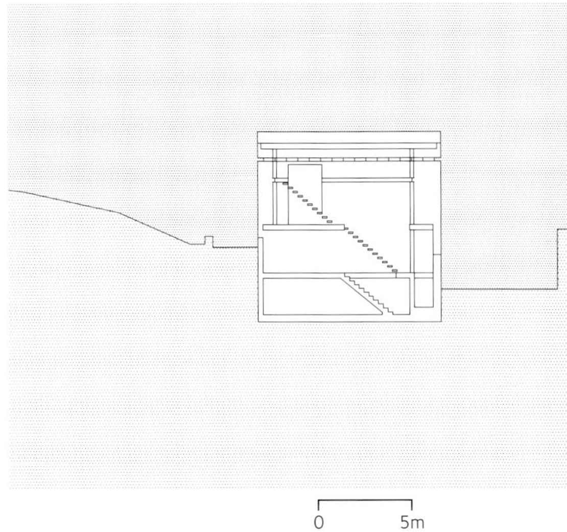

Photography: Pino Musi

UNBUILT PROJECTS
PROJETS NON CONSTRUITS

SHENZHEN HOUSES

Shenzhen, China

Shenzhen est une ville de la province du Guangzhou dans le sud de la Chine, près de Hong Kong. Un centre pour investissements étrangers depuis la fin des années dix-neuf cent soixante-dix, cette ville connaît l'une des croissances les plus rapides au monde. Ces cinq maisons, conçues par Richard Meier pour un site à flanc de coteau, ont une superficie de sol qui varie entre 600 et 1 000 mètres carrés. L'idée était de créer cinq résidences de luxe, différentes tout en étant apparentées, et qui tiennent compte de l'environnement de montagnes. Les vues devaient être maximisées, mais l'isolement de chaque résidence et un impact minimal sur l'environnement faisaient également partie des conditions à remplir. On entre dans les maisons par le nord, et chacune d'entre elles présente une façade nord plutôt fermée qui contraste avec une élévation sud abondamment vitrée. Les cinq résidences ont des salles de séjour à double hauteur de plafond. Les chambres à coucher sont situées au-dessus d'espaces publics, avec des salles familiales à proximité, et des avancées protègent les balcons et les terrasses contre les intempéries. Fidèles au style blanc et géométrique de Meier, ces maisons montrent comment des variations sur un même thème peuvent être exprimées dans un site de montagnes particulier tout en préservant le caractère individuel de chacune de ces demeures luxueuses.

RICHARD MEIER & PARTNERS ARCHITECTS LLP

Shenzhen is a city in the Guangdong province in southern China, near Hong Kong. Since the late 1970s, it has been a centre for foreign investment and has become one of the fastest growing cities in the world. These five houses designed by Richard Meier for a hillside site vary in size from 600 to 1000 square metres (6458 to 10,763 square feet) in floor area. The idea was to create five different yet related luxury residences that acknowledge the mountain environment. Views were to be maximised, while the privacy of each residence and a minimal impact on the environment were also requirements. The houses are approached from the north, and each has a rather closed northern façade contrasting with a generously glazed southern elevation. All five houses have been designed with double-height living rooms. Bedrooms are located above public spaces, with family rooms nearby, and overhangs protect the balconies and terraces from the elements. Faithful to Meier's white, geometric style, these houses show how variations on a theme can be articulated in a specific mountain site while maintaining the individuality of each luxury residence.

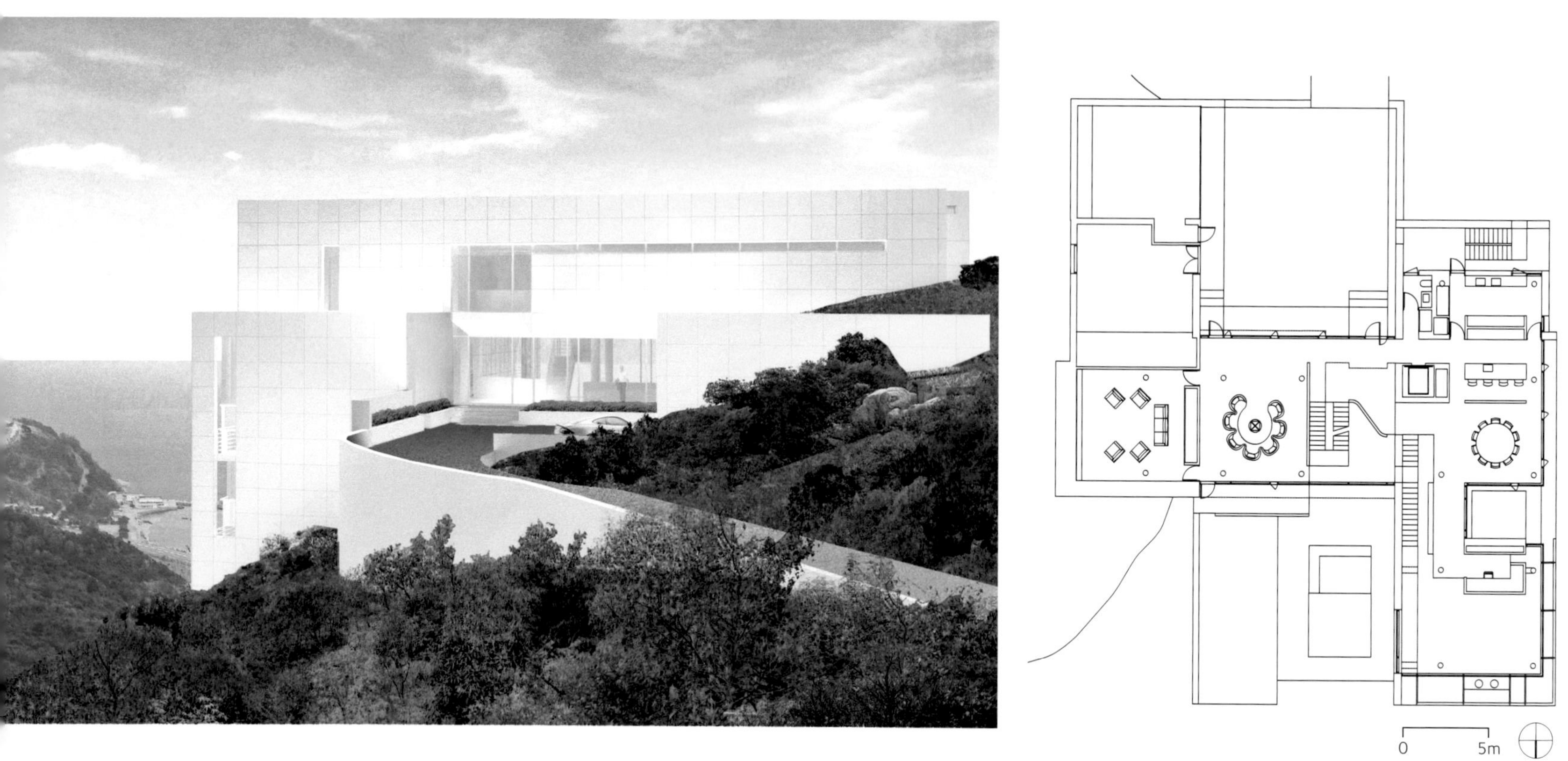

Renderings and drawings: courtesy Richard Meier & Partners Architects LLP

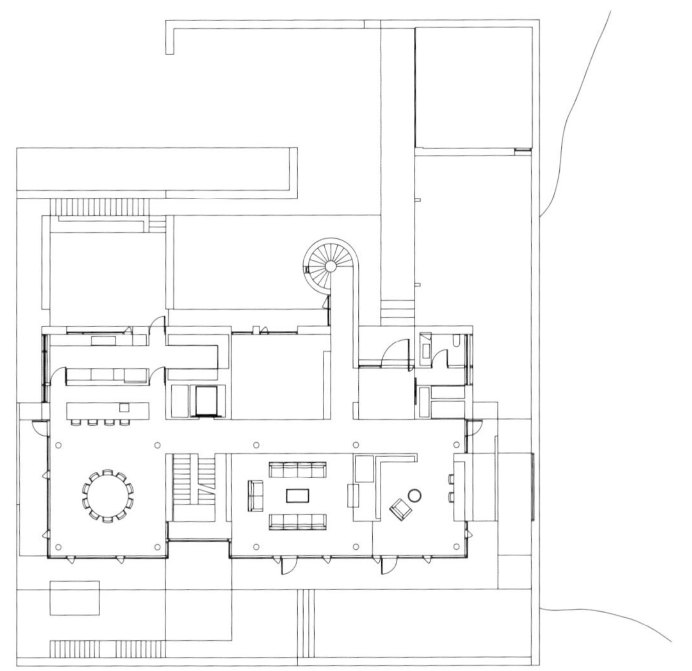

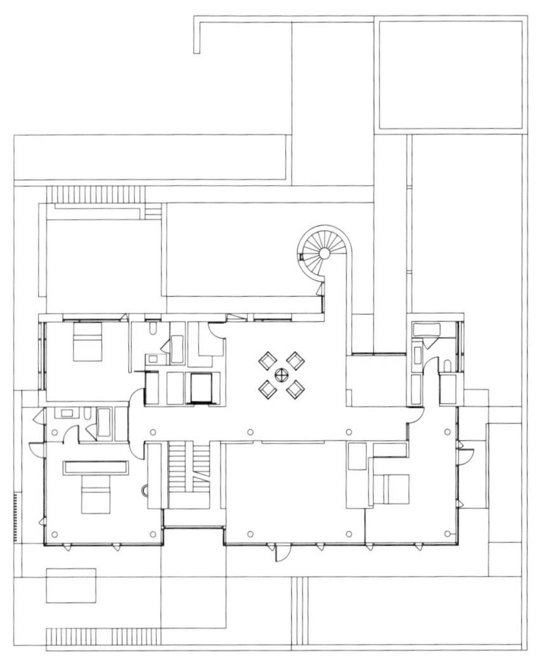

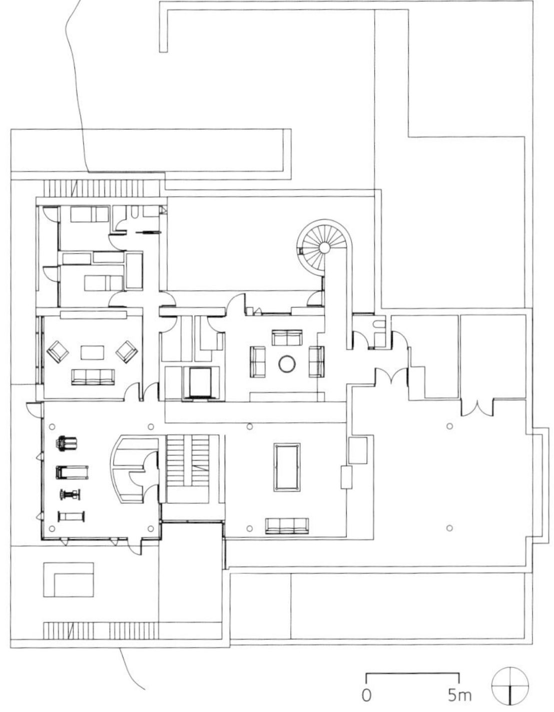
0
5m

BERNARD KHOURY

CHALET(S) 4328

Kferdebian, Lebanon

Cette résidence se trouve sur un site escarpé de 535 mètres carrés à Kferdebian, sur le Mont Liban. Il y a une dénivellation de 10 mètres entre sa façade sur la route et le point le plus bas du site. La façade sud la reliant à la route d'accès est un plan incliné qui démarre au niveau du sol et monte jusqu'à une hauteur de 7 mètres vers le nord. Le plan incliné fait fonction de toit et une façade rue se déploie sur un plan oblique, qui remonte jusqu'à une piscine surélevée à la pointe nord de la pente. Ce plan en pente conduit le visiteur jusqu'aux entrées principales, au deuxième niveau, situées sur les bords est et ouest du toit. Vitrée du sol au plafond sur les trois niveaux, la façade nord s'ouvre sur des balcons longs et étroits qui offrent un panorama spectaculaire sur la vallée. Les façades est et ouest ont des ouvertures limitées donnant accès à des terrasses intermédiaires qui délimitent la bordure de la propriété. Les deux appartements envisagés s'ordonnent sur trois demi-niveaux avec des aires de réception à grande hauteur de plafond, situées au niveau supérieur. Les terrasses nord, situées sur le côté le plus bas du site, sont également accessibles à partir des aires de réception au moyen d'un balcon mobile qui se déplace verticalement le long de la façade.

This residence is located on a steep 535-square-metre (5758-square-foot) site in Kferdebian, Mount Lebanon. There is a 10-metre (32-foot) drop between the road frontage and the lowest point on the site. The south façade, which connects the project to the access road, is an inclined plateau that starts at ground level and slopes up 7 metres (23 feet) to the north. The inclined plateau acts as the roof and a street façade deployed on an oblique plane, which steps up to an elevated pool at the northern tip of the slope. This sloping plane also leads the visitor up to the mid-level main entrances located on the eastern and western edges of the roof. Glazed from floor to ceiling on all three levels, the northern façade opens onto long, narrow balconies overlooking spectacular views of the valley.
Both eastern and western façades have limited openings that provide access to intermediate terraces that define the edges of the property. The two proposed units are organised on three split-levels with high-ceilinged reception spaces located on the upper level. The northern terraces of the project, located at the lowest edge of the site, are also accessible from the reception areas by making use of a mobile balcony that travels vertically on the façade.

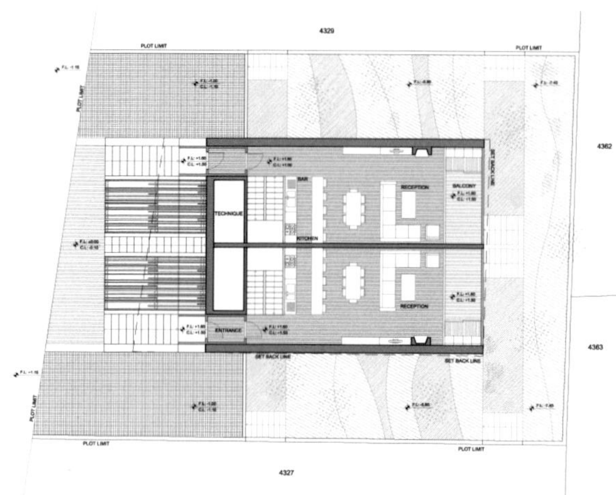
4329
PLOT LIMIT
PLOT LIMIT
4362
BAR
RECEPTION
BALCONY
TECHNIQUE
KITCHEN
RECEPTION
ENTRANCE
4363
SET BACK LINE
SET BACK LINE
PLOT LIMIT
PLOT LIMIT
4327

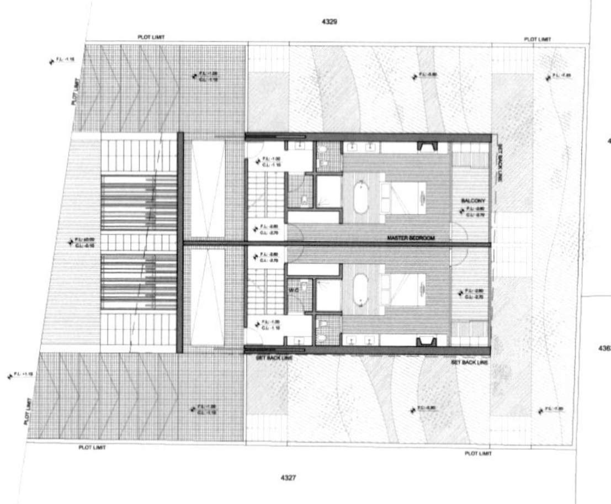
4329
PLOT LIMIT
PLOT LIMIT
4362
BALCONY
MASTER BEDROOM
4363
SET BACK LINE
SET BACK LINE
PLOT LIMIT
PLOT LIMIT
4327

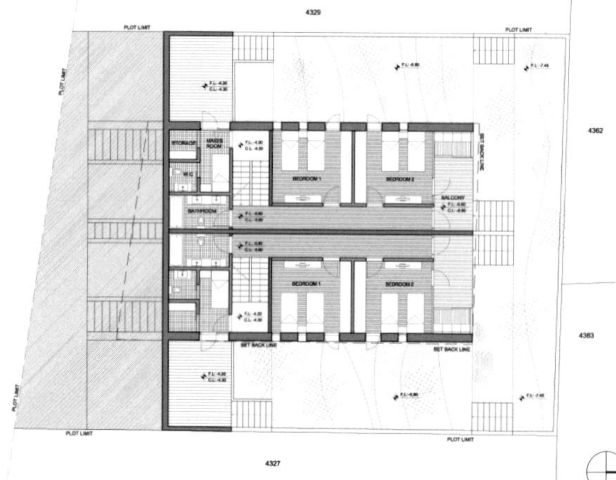
4329
PLOT LIMIT
PLOT LIMIT
4362
BEDROOM 1
BEDROOM 2
BALCONY
BATHROOM
BEDROOM 1
BEDROOM 2
4363
SET BACK LINE
SET BACK LINE
PLOT LIMIT
PLOT LIMIT
4327

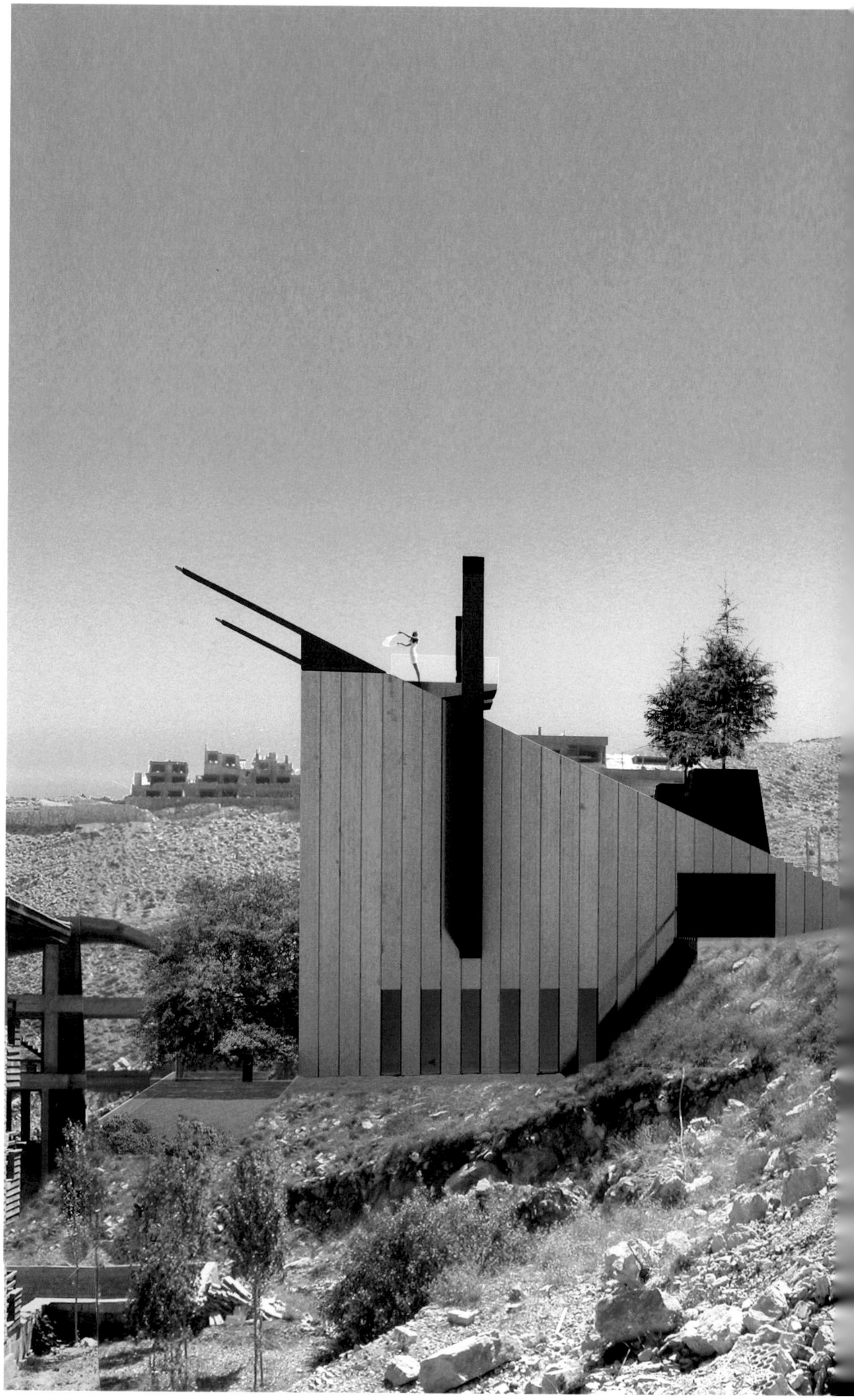

Renderings: courtesy Bernard Khoury

SFEIR RESIDENCE

Faqra, Lebanon

La résidence Sfeir est située sur un terrain escarpé de 1 000 mètres carrés à Faqra, au Mont Liban, qui présente une dénivellation de 13 mètres du point le plus élevé, sur la route périphérique sud, au point le plus bas au nord, où le site est relié à une autre route d'accès. La géométrie du terrain et les marges de reculement imposées ont réduit l'emprise au sol autorisée du projet à un plan orthogonal, où les principales fonctions de la résidence se répartissent sur trois niveaux. Une aire de stationnement au pied de la maison mène à un niveau intermédiaire comportant deux chambres d'invités et une salle de gym entièrement ouverte sur sa façade nord et avec accès direct à une terrasse en véranda et une piscine. Le premier niveau est un espace ouvert entièrement vitré se développant sur 23 mètres avec une hauteur de plafond de 5 mètres. Un balcon est accessible à partir de la périphérie nord de l'aire de réception, qui sert également de plate-forme d'ascenseur en plein air connectant la réception à la terrasse en dessous. Deux grandes chambres à coucher occupent le niveau supérieur sous une voûte de 3,5 mètres de haut sur 23 mètres de long, qui s'ouvre partiellement au-dessus des lits pour pouvoir dormir à la belle étoile lorsque le temps le permet.

The Sfeir Residence is located on a steep 1000-square-metre (10,763-square-foot) plot in Faqra, Mount Lebanon, that drops 13 metres (42 feet) from the highest edge on the southern peripheral road to the lowest northern edge where the site links to another access road. The geometry of the plot and the imposed setbacks reduced the allowable footprint of the project to an orthogonal plan, in which the main functions of the residence are located on three levels. A parking space at the base of the house leads up to an intermediary level comprising two guest suites and a gym with a fully open frontage on the northern orientation and direct access to a sundeck terrace and lap pool. The first floor is a fully glazed open space that develops along 23 metres (75 feet) with a 5-metre (16-foot) ceiling height. A balcony is accessible from the northern periphery of the reception space, which also serves as an open-air elevator platform that connects the reception floor to the terrace below. Two master suites are located on the upper level under a 3.5-metre-high by 23-metre-long (11-foot by 75-foot) vault, which partially opens above the two master bedrooms, allowing the possibility of sleeping in the open air when the weather permits.

Renderings: courtesy Bernard Khoury

HOLIDAY VILLA

Vals, Switzerland

SeARCH and Christian Müller Architects

Appelé bizarrement « le trou » par les architectes, ce projet insolite a démarré avec la question : « Ne serait-il pas possible de cacher une maison dans un versant alpin tout en tirant parti des vues fantastiques et en y laissant entrer la lumière» ? Inspirée en partie par la proximité du site aux thermes de Peter Zumthor à Vals, la construction, taillée à flanc de coteau, offre aux propriétaires un panorama spectaculaire sur les montagnes, sans qu'il y ait d'incidence sur la situation des thermes. Les pouvoirs locaux ont approuvé le projet malgré leur réputation d'être de la vieille école. L'entrée de la maison se fait par une vieille grange typique sur le site et un tunnel souterrain. L'architecte Bjarne Mastenbroek est bien connu dans ses Pays-Bas natals, mais ceci semble être une adaptation délicate de ses talents à un site montagneux difficile.

Curiously dubbed 'The Hole' by the architects, this unusual project began with the question, 'Shouldn't it be possible to conceal a house in an Alpine slope while still exploiting the wonderful views and allowing light to enter the building?' Inspired in part by the close proximity of the site to Peter Zumthor's thermal baths in Vals, the structure, cut into the hillside, affords the owners a spectacular mountain view without any effect on the situation of the baths themselves. Local authorities approved the scheme despite their reputation for conservative rulings. The entrance to the house is through a typical old barn on the site linked with an underground tunnel. Architect Bjarne Mastenbroek, well known in his native Netherlands, has achieved a sensitive adaptation of his talents to a challenging mountain site.

Renderings: SeARCH and Christian Müller Architects

APPENDIX
APPENDICE

ABOUT THE AUTHOR

DE L'AUTEUR

Philip Jodidio est l'auteur de plus de 40 ouvrages sur l'architecture et l'art contemporains.

Né aux Etats-Unis en 1954, il a fait ses etudes à l'Université de Harvard et a vécu en France de 1976 à 2005. Il habite actuellement en Suisse. Il a été le rédacteur en chef du magazine française *Connaissance des Arts* entre 1979 et 2002 et travaille maintenant comme consultant editorial au Trust Aga Khan pour la culture.

Philip Jodidio is the author of more than 40 books on contemporary architecture and art.

Born in 1954 in the USA and educated at Harvard University, he lived in France from 1976 to 2005 and currently lives in Switzerland. He was the editor-in-chief of the French art journal *Connaissance des Arts* between 1979 and 2002 and is currently the editorial consultant for the Aga Khan Trust for Culture.